KB205288

역사의 그늘에 서서:
히틀러 치하 독일 신학자들의 설교

디트리히 본회퍼, 카를 바르트, 헬무트 골비처,
게르하르트 에벨링, 루돌프 불트만 설교
딘 G. 스트라우드 편집
진규선 옮김

역사의 그늘에 서서:
히틀러 치하 독일 신학자들의 설교

편집	딘 G. 스트라우드
설교	디트리히 본회퍼, 카를 바르트, 헬무트 골비처, 게르하르트 에벨링, 루돌프 불트만
옮김	진규선
교정교열	김덕원 김요셉 박이삭 이상원 이찬혁
색인	이상원

발행처	감은사
발행인	이영욱
전화	070-8614-2206
팩스	050-7091-2206
주소	서울시 강동구 암사동 아리수로 66, 401호
이메일	editor@gameun.co.kr

종이책
초판발행	2022.08.16.
ISBN	9791190389648
정가	16,800원

전자책
초판발행	2022.08.16.
ISBN	9791190389655
정가	12,800원

Preaching in Hitler's Shadow:
Sermons of Resistance in the Third Reich

Dean G. Stroud (Ed.)

"하나님 앞에서 그리고 하나님의 이름으로
진리가 크게 선포되었습니다.
이제 세상은 무엇이든 그 원하는 바를 우리에게 행할 것입니다.
우리는 하나님의 손에 붙들려 있습니다. 하나님은 신실하십니다.
그러나 너, 땅이여, 땅이여, 땅이여, 주의 말씀을 들을지어다."

'깨진 유리의 밤'(*Kristallnacht*) 직후 일요일
율리우스 폰 얀(Julius von Jan) 목사

| 일러두기 |

1. 이 책의 제2부에는 두 가지 형태의 각주가 사용되었습니다. 일반적인 각주는 본서 편집자 스트라우스의 것이고, 설교 본문의 대괄호로 된 각주는 독일어 설교를 영어로 번역한 번역자 또는 편집자의 각주(일종의 역주 내지 편주)입니다.

|목차|

머리말

1970년 초반, 나는 텍사스 주 오스틴에 있는 오스틴장로교 신학교(Austin Presbyterian Theological Seminary)에서 목회자가 되기 위해 공부하고 있었다. 나와 같은 세대의 동료들은 기억하겠지만, 당시 우리는 3대 B 신학자, 바르트(Barth), 본회퍼(Bonhoeffer), 불트만(Bultmann)을 읽고 토론하는 데 많은 시간을 보냈다. 하지만 우리는 본회퍼의 『옥중서간』(Letters and Papers from Prison)을 들고 다니면서도, 정작 이 교도소에서 쓰인 글들의 배경에 대해서는 깊이 생각하지 않았다. 그보다 우리는 본회퍼가 언급했지만 별다른 세부 설명은 하지 않았던 용어들 중 하나인, '종교가 아닌 기독교'(religion-less Christianity)가 의미하는 바가 무엇인지 알아내려고 노력했다. 우리는 그 책에서뿐 아니라, 산상수훈에 대한 사상을 제공했던 『나를 따르라』(Cost of Discipleship)에서도 본회퍼를 신학자로 여겼다. 우리는 본회퍼가 나치 독일의 고백 교회가 아닌 마치 우리에게 직접 말하는 것처럼 그의 글을 읽었다. 내 기억에, 본회퍼의 사유를 역사적 배경에서 파악할 수 있게 해주는, 독일 교회의 투쟁에 관한 강의는 하나도 없었다.

본회퍼의 경우보다 더욱 심각하게, 바르트의 신정통주의(neoorthodoxy)와 불트만의 신약의 탈신화화(demythologization)에 관한 역사적 배경은, 적어도 기억에 남을 만한 방식으로는, 대강으로도 다루어지지 않았다. 나는 방대하고 압도적인 『교회 교의학』(Church Dogmatics)의 긴 항목들을 읽었던 것을 기억한다. 그리고 나는 역사적 배경지식 거의 없이 신학교를 졸업하고 교구로 향했다. 거기서는 설교 준비나 토론 모임에서 가끔 저 신학자들의 이름들을 떠올릴 수 있었다. 하지만 그들이 살았던 상황에 대해 신학교에서 배운 것 이상의 지식을 갖고 있지 않았다.

내가 맡은 첫 교구는 미국의 흑인 민권 운동이 막바지에 이르렀을 무렵, 루이지애나 주(Louisiana) 맨스필드(Mansfield)의 한 작은 장로교회였다. 당면한 사건들과 관련한 내 설교를 들은 사람들이 적대감을 표출하지는 않았지만, 논쟁의 영역으로 나를 밀어넣는 성경 본문을 볼 때마다, 막연한 불안감으로 일요일 설교를 준비하면서 '무엇을 말해야 하나' 고민하던 때가 떠오른다.

목사들은 흑인 민권 운동의 요구를 다루는 세 가지 방식 중 하나를 선택할 수 있었다. (1) 우리는 예레미야가 되어 이 정의에 대한 급진적인 요구를 선포하고 그 결과를 감수해야 한다. (2) 우리는 광장의 사람들과 신문의 헤드라인들을 무시하고 '오직 복음만'을 선포해야 하며, 행진과 연설에는 눈과 귀를 닫아야 한다. (3) 우리는 중도를 추구하고 사랑과 정의의 균형을 맞출 수 있어야 하며, 대중을 자극하는 방식보다는 격려하는 방식으로 진리를 선포해야 한다. 그런데 이 모든 문제 이면에 놓인 질문이 있었다. '교회는 어떤 일을 정치와 엮어야 하는가?'

수년 뒤, 나는 아이오와 대학교(University of Iowa)에서 독일어로 대학원 과정을 밟았다. 학부에서 독일어를 전공했기에, 사역을 그만둔 후의 이 과정은 마치 첫사랑 시절로 돌아간 기분이었다. 아이오와 대학에서 나는 독일어 작품들을 폭넓게 읽었으며, 그동안 신학교에서 배운 이름들과는 더 멀어졌다. 괴테(Goethe), 카프카(Kafka), 브레히트(Brecht)가 바르트, 본회퍼, 불트만을 대체했다.

나는 1984년에 라크로스(La Crosse)에 있는 위스콘신 대학교(University of Wisconsin)에서 독일어를 가르치고 문학을 연구하기 시작했다. 그러던 어느 날 독일어로 신학 작품들을 읽어보려고 했는데, 그렇게 과거와 당대의 관심사가 결합한 것이 정확히 언제인지는 잘 기억나지 않는다. 어쨌든 나는 20세기 독일 개신교 사상에 대한 역사적 연구를 읽기 시작했고, 그제서야 신학교에서 나에게 도전을 주었던 사상들을 가진 신학자들의 역사적 배경에 대해서 처음 알게 됐다. 바르트, 본회퍼, 불트만은 끔찍한

드라마 속 배우들이었던 것이다.

그때 한 질문이 떠올랐다. '바르트, 본회퍼, 불트만은 나치 독일에서 청년으로 살면서, 설교 시간에 무슨 말을 했을까?' 나는 1970년대 초 미국 남부에 살면서 설교하던 목사 시절이 떠올랐고, '히틀러의 그늘' 아래서 설교한다는 것이 그들에게는 얼마나 위험한 일이었을지 심사숙고하기 시작했다. 그리고 제3제국 아래에서 행해진 설교들에 대한 관심이 생겼다. 한 마디 말도 그토록 위험하던 히틀러 제국 내에서 설교한다는 행위가 갑작스레 나를 매료시켰다. 런던이나 뉴욕에서 누구나 할 수 있는 말이지만, 만일 본(Bonn)이나 베를린이었다면?

제3제국 아래에서 행해진 설교들을 읽으려고 마음먹었을 때, 나는 히틀러의 이름을 직접 언급하며 비판하거나, 미묘한 기교 없이 직설적으로 나치의 사고를 정죄하는 솔직한 목회자들의 설교를 찾아내고 싶었다. 나는 악을 비판하기 위해 강단을 사용했던 마틴 루터 킹(Dr. Martin Luther King)이나 그런 사람들의 설교들을 염두에 두었다. '과연 독일 목사들은 일요일에 무엇을 외쳤을까?' 본서는 이 질문에 대한 하나의 답을 제공한다.

그러나 언제나 그 배경에 있는 질문은, '교회는 무엇을 해야만 했나?'이다. 가장 명백한 답변은, 교회는 직접적으로 그리고 용감하게 히틀러주의(Hitlerism)와 반유대주의(anit-Semitism)에 대하여 말했어야 했다는 것이다. 일부는 그렇게 하기도 했고 또 그로 인해 고통을 받았다는 사실은 잠시 제쳐두자. 왜냐하면 더 큰 문제가 있기 때문이다. 네덜란드의 가톨릭 주교들의 실례를 보면, 유감스럽게도 그들은 1940년대에 나치의 박해에 반대의 목소리를 내면서도 정작 유대인들이 나치에 의해 체포되어 수용소와 시체 소각실로 끌려갈 때는 지켜보기만 했다.[1] 유대인으로서 가톨릭으로 개종한 에디트 슈타인(Edith Stein)과 그녀의 자매 로제(Rose)의 경우는 나치에 대한 반대 발언들이 나치를 변화시키기보다는 오히려 저들의 분노를 유발하게 했던 냉혹한 현실을 잘 보여 준다. 네덜란드에서의 결과는 비극이었다.

그러나 억압하는 자를 회심시킬 수 있을 것이라는 희망과 또한 권력에 대해서도 진리를 말해야 한다는 기독교인의 의무에 따라 불의에 저항하여 목소리를 내라는 복음의 요구는 여전히 남아있다. 이 모음집의 각 설교는 나치즘의 폭풍 가운데서 행해진 기독교 연설의 실례를 제공한다.

본서의 선별된 설교들은 나치즘에 대항하여 취할 수 있었던 다양한 반응들을 반영한다. 당연히 나는 저항하는 목사들의 용기와 신앙을 존중하기에, 노골적으로 친나치(pro-Nazi) 성향을 보이는 설교들은 의도적으로 생략했다. 대신에 독자들이, 기독교의 관점이 나치의 관점들에 맞추어 어떻게 왜곡될 수 있는지 알

---

1.   Edith Stein, *Aus der Tiefe leben: Ein Textbrevier*, ed. Waltraud Herbstrith (Regensburg: Topos plus Verlagsgemeinschaft, 2006), p. 36.

수 있도록, 나치 기독교인의 태도에 대한 해설을 충분히 포함시켰다. 친나치 기독교인들이 믿은 바는 이 설교들과 강력한 대조를 이루며, 이를 아는 것은 또한 비평적인 배경을 제공한다.

우리는 끔찍한 악에 맞선 기독교적 증언과 용기에 대하여 이 모음집에 포함된 각 설교자들에게 (그리고 여기에 포함되지 않은 많은 이들에게) 존경과 감사를 아끼지 않아야 한다. 이 설교자들 중 일부는 바로 그 설교들로 인해 죽었다. 모두가 자신들의 목숨을 걸었다.

끝으로, 나는 히틀러 독일 치하의 기독교에 관심이 있는 독자들을 위해 이 번역들을 일차 자료로 제공한다. 다시 말해, 나는 처음에 제3제국의 **설교들에 관한** 책을 준비했지만, 독자들이 히틀러에 대한 기독교적인 반대에 관하여 스스로 판단을 내릴 수 있도록 제3제국에서의 **설교 번역**을 제공하기로 생각을 바꾸었다. 내 생각에 적어도 이 설교들은 그때뿐 아니라 지금도 '선포될 수 있는' 설교들이라고 생각한다. 비록 시대와 상황이 변하긴 했지만 그때나 지금이나 진리는 언제나 도전적이다.

이 책에서 사용된 문서 편집에는 두 유형의 각주가 사용되었다. 하나는 서지 정보를 포함하는 각주가 있고, 또 다른 하나는 설교 본문에 대한 편집자 겸 (독일어-영어) 번역자의 해설을 포함하는 대괄호로 된 각주가 있다.

감사의 말

기획에서 출판까지 이르는 과정에서 많은 사람들이 도와주었다. 아래 나열된 각 사람의 특별한 수고에 진심으로 감사한다. 가장 먼저 내가 라크로스(La Crosse)의 위스콘신 대학교(University of Wisconsin)의 교수가 된 것이 얼마나 행운이었는지 말하고 싶다. 거기서 나는 항상 연구에 대한 지원과 격려를 받았다.

앨리스 소차(Alice Socha)는 나의 안식 기간(2008년 1-5월) 동안 원고의 초안을 편집해 주었다.

독일 태생이자 이전 현대 언어학과의 '애머티 인턴 연구원'(Amity Intern Scholar)이었던 라라 올슨(Lara Olson)은 친절하게도 내가 번역한 두 편의 설교를 원문과 비교하고 그 작업을 가지고 논의해 주었다. 자유전공학부(College of Liberal Studies: CLS) 루탄 벤

슨(Ruthann Benson) 학장과 CLS의 안식년 위원회는 2008년 봄 학기 동안 이 프로젝트에 집중할 수 있도록 안식 기간을 허락해 주었다.

연구기금위원회는 세 차례에 걸쳐 연구 기금을 지원해 주었는데, 그것은 프로젝트 진행에 있어서 핵심적인 지원이 되었다.

위스콘신 대학교 머피 도서관 도서관장인 아니타 에반스(Anita Evans), 도서관의 훌륭한 직원들, 특히 도서관 상호 대차 부서의 멋진 동료들은 이미 오래전 절판된 책들을 미국과 독일에서 찾아 주었다.

현대 언어학과의 학과장인 레슬리 풀턴(Leslee Poulton) 박사는 수년에 걸쳐 필요한 공간을 제공해 주었고, 친절한 말을 아끼지 않았다.

이전 학과장이었던 바바라 루스터홀츠(Barbara Rusterholz) 박사는 학과장으로 섬기는 동안 이 프로젝트를 지원해 주었다.

역사학과 명예 교수 그레고리 웨그너(Gregory Wegner)는 나의 친구이자 나치 독일 전문가다. 수년간 그는 대화를 통해 그리고 자신의 수업에서 나를 초청 강사로 불러 줌으로써 내 연구를 격려해 주었다.

좋은 친구이자 신학자인 듀이 비요크만(Dewey J. Bjorkman, M.Div., Th.M.)은 전체 원고를 읽고 우리가 가장 좋아하는 식당에 가서 아침을 먹으며 긴 시간 논의해 주었다. 듀이는 처음부터 이 프로젝트를 신뢰했으며, 자료를 검토하는 동안 결코 지치지 않았다.

나의 아내 발렌티나 버지니아(Valentina Virginia)는 변함없는 지지와 격려를 아끼지 않았는데, 그것이 없었다면 이 프로젝트는 완성되지 못했을 것이다.

나는 원고를 수락하고 그 과정에서 큰 도움을 준, 존 포트(Jon Pott)와 어드만스 출판사(William B. Eerdmans Publishing Company)에 너무도 감사드린다. 톰 라비(Tom Raabe)는 자신이 받은 원고보다 더 좋은 작품을 최종적으로 만들어 낸 훌륭하고 끈기 있는 편집자였다.

제1부
편집자 서문
역사적 배경: 제3제국에서의 선포

"때가 이르리니 사람이 바른 교훈을 받지 아니하며
귀가 가려워서 자기의 사욕을 따를 스승을 많이 두고
또 그 귀를 진리에서 돌이켜
허탄한 이야기를 따르리라"(디모데후서 4:3-4)

역사적 배경:
제3제국에서의 선포

왜 나치 독일 시대의 설교를 읽어야 하는가?

왜 우리는 제3제국 내에서 행해졌던 이 설교들을 읽어야 하는가? 어찌 됐건 독일 교회는 히틀러를 막지 못했고 유대계 독일인이 조롱당하고 박해받으며 죽음의 수용소로 이송되는 것도 막지 못했다. 더욱이 이미 상식이 됐지만 기독교인은 나치즘에 대해 거의 또는 전혀 반대하지 않았다. 역사가들은 기독교인들을 잘해봤자 이 일에 무관심했던 이들로, 최악의 경우에는 자발적인 공범으로 판단한다. 나치 독일 시대의 설교를 듣는 것이 이러한 지배적인 견해를 입증하는 것 외에 과연 다른 것을 더 제공할 수 있을지 의문이 든다.

독일의 나치 교회를 검토하는 책들이 기독교와 기독교인들

에 관하여 좋은 말을 하는 경우는 극히 드물다. 예를 들어, 『홀
로코스트와 기독교 세계』(*The Holocaust and the Christian World*)에서 교
회의 실패에 대한 다음과 같은 해설을 읽을 수 있다: "아마도 저
러한 실패의 중심에는 다음과 같은 사실이 있었다고 할 수 있을
것이다. 교회는 … 여느 기관들이 하듯 자신들만의 고유한, 그
리고 협소하게 정의된 '최선의' 이익을 위해 행동하려고 했다.
교회에는 자기희생이나 영웅주의에 대한 열정도 거의 없었다.
대신 자신들의 기관의 권위를 보호하기 위해 '실용적'이고 '전
략적인' 조치를 매우 강조했다."[1]

　　이러한 관점에서 볼 때, 교회는 그저 살아남는 것에만 주된
관심사를 두었던 하나의 기관에 불과했다. 복음 선포보다는 기
관의 유지에 초점을 두었던 것이다. 확실히 기독교 공동체는 독
일 사회의 다른 어떤 기관들, 곧 대학, 법원, 군대를 막론하고 나
치즘을 반대하는 데 가장 크게 실패했다. 기관으로서의 교회에
대하여 이러한 판단의 옳음을 증명해주는 자료는 넘쳐난다. 그
런데 당시 기관이라는 것은 남자, 여자, 어린이 등 히틀러 치하
독일에서 각 사태들에 대해 저마다 고유한 반응을 보인 사람들

1.　Victoria J. Barnett, "The Role of the Churches: Compliance and
　　Confrontation," in *The Holocaust and the Christian World: Reflections on
　　the Past Challenges for the Future*, ed. Carol Rittner, Stephen D. Smith,
　　and Irena Steinfeldt (New York: Continuum, 2000), p. 57.

로 구성되어 있었다. 따라서 각 개인이 무엇을 했는지, 또는 무엇을 하는 데 실패했는지 살피는 것은 현 사안을 검토하는 데 타당할 것이다. 의심의 여지없이 사회적·정치적 기관으로서 교회는 나치즘에 맞서야 했던 테스트를 통과하지 못했다. (내 생각에 이것은 마치 미국의 흑인 민권 운동 기간 중 '교회'의 실패와 비슷하다.) 그러나 그 '기관'은—바넷[Victoria Barnett]이 강조했던 것처럼 희생보다는 생존을 의도했던—여전히 그리스도의 신비로운 몸이었고, 그중 일부는 자신들의 목숨을 걸고서 나치즘에 도전했다. 비록 나치 독일의 다수 목사들이 우리가 오늘날 알고 있는 바대로 저항을 거의 혹은 전혀 하지 않았을지라도, 저항을 했던 소수가 있음도 사실이다. 그렇게 했던 사람이 너무 적었다는 것을 나도 인정하지만, 동시에 오직 하나님만이 그들의 존재를 확실하게 아신다는 사실도 지적하고 싶다. 테러 국가 내에서는 자기 자신뿐만 아니라 다른 사람을 보호하기 위해서라도 비밀 유지는 생명이다. 앞으로 이야기하겠지만 '교회 투쟁'(Church Struggle)이라는 운동에서는 저마다 교구라는 참호 속에서 독일 제국 내의 강단과 회중을 지키기 위해 싸웠다. 당연한 말이지만, 우리는 아는 것만 알고, 모르는 것은 모른다.

설교는 일부 목사들의 주요한 저항 방식 중 하나였다. 몇몇은 급진적으로 자신의 안전에 대해 거의 혹은 전혀 고려하지 않고 나치 이데올로기(Nazi ideology)에 반대하여 복음을 선포했다.

그러한 목사들의 설교는 히틀러에 대한 기독교적 반대에 관한 역사적 문서를 제공하며, 따라서 우리는 그것에 관심을 기울일 만한 가치가 있다.

만약 문화적 맥락을 염두에 두고 이러한 설교를 읽어나간다면, 그 선포에 대한 우리의 감탄은 깊어질 것이다. 먼저 우리는 독일 내의 많은 기독교인들이 나치즘을 매력적으로 여겼던 이유들을 살필 것이며, 그리고 나서 나치의 언어와 사상이 얼마나 혐오스러운 것인지를 생각해 볼 것이다. 유대교-기독교의 하나님보다 국가를 숭배하고 국가의 '원수들'(enemies)을 미워하라는 나치 지도자들의 강력한 호소에 반대한 기독교는 급진적 대안을 제공했다. 나치의 종교적·인종적 사유에 대한 개요는 저 메시지를 들을 우리의 귀를 더욱 날카롭게 만들어 줄 것이다.

하나님의 이름을 부르는 악

1933년 1월 30일, 독일 제국의 85세 수장 파울 폰 힌덴부르크(Paul von Hindenburg)는 독일 정부를 아돌프 히틀러에게 넘기면서 독일인들에게 새로운 정치적 지도자 그 이상의 존재를 제공했다. 즉, 그는 독일인들에게 새로운 종교적 지도자를 준 셈이다. 비록 우리가 히틀러를 종교적으로는 잘 생각하지 않지만, 히틀러 자신은 어떻게 기독교인들이 자신과 자신의 국가사회주의를 바라볼지에 대해 생각했던 것 같다. 히틀러는 결코 스스로를 '설교자'라고 부른 적은 없지만, 주저 없이 하나님을 거론하면서 제국에 대한 신적 도움을 요청했다. 실제로 히틀러가 수상에 취임된 첫 8주는 어느 때보다 하나님과 기독교에 대하여 많은 말을 했다.[2] 확실히 독일 내에서 기독교인들과 처음 관계를 잘 맺는 것은 제국 초기의 우선순위였다.

수상이 된 지 겨우 이틀 만에, 히틀러는 라디오 연설을 통해서, 하나님이 독일로부터 축복을 거두어 간 이유는, 독일인들이 1918년 독일의 원수들에게 항복함으로써 하나님에게 불순종했기 때문이라고 주장했다. 히틀러는 기독교의 하나님을 자신의 민족주의에 대한 신성한 보증으로 삼았다. 그래서 이 새로운 총통은 자신의 기독교에 대한 민족주의적 관점을 이후에 도래할 나치 프로그램과 연결했다. 히틀러는 자신의 청중들에게 새로운 정부가 '기독교를 우리 민족의 도덕적 토대로, 가족을 우리 민족의 삶의 기초로 삼는다'는 점을 확신시켰다. 히틀러는 기독교에 대한 자신의 민족주의적 이해와 독일 사회의 기본적 기관들을 일치시켰다. 그리고 이 새로운 총통은 자신의 연설을, "전능하신 하나님, 우리가 하는 일에 복을 내려주시고, 우리의 목적을 강화하시며, 우리에게 지혜와 또한 민족의 신뢰를 얻게 하

---

2. Klaus Scholder, *The Churches and the Third Reich, vol. 1, Preliminary History and the Time of Illusions, 1918-1932*, trans. John Bowden (Philadelphia: Fortress, 1987-88), p. 222.

사, 우리 자신을 위해서가 아니라 독일을 위하여 싸우게 하옵소서"라는 기도로 마무리했다.[3] 우리는 히틀러가 공격적이고 민족주의적인 신앙을 공격적이고 민족주의적인 정치적 프로그램, "싸우게 하옵소서"와 짝지은 것에 주목해야 한다.

2주 뒤 히틀러는 또한 슈투트가르트(Stuttgart)에서 연설하면서 기독교인들을 안심시키는 말들로 자신과 자기 정부를 기독교와 동일시했다. 히틀러는 바이마르(Weimar) 시대 가톨릭중앙당(Catholic Center Party)의 일원이었던 오이겐 볼츠(Eugen Bolz) 박사의 비판적 논평을 인용하며[4] 이렇게 말했다.

> 현재 주지사인 볼츠는 기독교와 가톨릭 신앙이 우리에 의해 위협받고 있다고 이야기합니다. 이러한 비난에 대해 저는 답할 수 있습니다. 무엇보다도 독일을 지휘하는 사람은 기독교인이지 국제적 무신론자(international atheists)가 아닙니다. 저는 단순히 기독교에 대해서만 말하는 것이 아닙니다. 단언컨대 저는 결코 기독교를 파괴하는 정당들과는 동맹을 맺지 않겠다고 맹세합니다.[5]

---

3. 1933년 2월 1일, 독일 제국에 대한 베를린(Berlin) 선언: http://www.hitler.org/speeches/02-01-33.html (2012년 8월 9일 접속).

4. Scholder, *Churches*, p. 22.

5. 1933년 2월 15일, 슈투트가르트 연설: http://www.hitler.org/speeches/02-15-33.html.

어느 한 슈투트가르트의 신문은 다음과 같은 헤드라인으로 그의 연설을 보도했다: "히틀러의 기독교 국가 선언."[6] 나는 이와 같은 인용문들로 인해 많은 사람들이, 아돌프 히틀러가 자기 자신을 기독교인이라고 여겼다는 식의 오해에 빠지게 됐다고 생각한다. 하지만 만약 우리가 히틀러에 대해서 조금이라도 배웠다면 결코 그가 말한 것을 액면 그대로 받아들일 수 없을 것이다. 독일을 새롭게 이끄는 이의, 무신론자가 아니라 기독교인처럼 보이는 이 독실한 말들은 실제로는 헛된 것이었다. 이 연설은 그저 프로파간다(propaganda) 중 하나일 뿐이었다.

나치의 공식 일간지 〈인민의 관찰자〉(*Völkischer Beobachter*)는 또 다른 연설에서 '다시 깨어난 독일의 복음 선포'를 언급하기도 했으며, 아돌프 히틀러는 다음과 같은 경건한 말로 기도하기도 했다: "주 하나님, 우리가 결코 떨지 않고, 비겁해지지 않게 하시며, 우리의 맡은 바 의무를 잊지 않게 하소서." 여기서 우리는 어느 전쟁의 신과 '떨며' '비겁해질' 수도 있는 약자들에 관한 언급을 듣는다. 이는 산상수훈의 말이 아니라, 게르만 신화의 호전적인 신에 관한 말이다. 1933년까지 3월 4일 쾨니히스베르크(Königsberg)에서 시행된 이 연설은 라디오로 방송됐다. 히

---

6. Scholder, *Churches*, p. 223.

틀러가 연설을 마치자, 새로운 제국의 전역의 독일인들은 황제
시절부터 잘 알려진 기도의 노랫소리와 성당의 울리는 종소리
들을 들었다. 그러나 청중들은 정작 교회의 지도자들이 나치들
로 하여금 성당의 종소리들을 울리지 못하게 했다는 사실을 알
지는 못했다. 나치들은 청중들로 하여금 교회가 아돌프 히틀러
를 지지하고 있다고 오해하도록 녹음된 종소리를 울렸던 것이
다.[7]

독일의 기독교인들이 히틀러와 나치로부터 두려워할 것이
없다는 것을 보여 주기 위해 나치 돌격대(Nazi Sturmabteilung)의 회
원들은 새 수상이 취임한 뒤 몇 주 동안 제국 전역의 교회들에
출석했다.[8] 실제로 교회에서 예배하고 있는 유니폼을 입은 나치
돌격대의 사진은 넘쳐난다. 많은 교회에서 갈색 제복을 입은 이
나치 무리는 따뜻한 환영을 받았다. 회복된 국가와 자부심을 원
하는, 패배하고 궁지에 몰린 대중이 행복에 젖어있던 첫 나날들
이었다. 마그데부르크(Magdeburg) 대성당은 '스바스티카 깃발
(Swastika flags: 꺾인 십자 모양으로 '나치 깃발'로도 불림─편주)의 숲'이 되
었고, 그곳의 목사는 회중에게, 나치의 반전된 십자가(卐를 가리킴
─편주)는 "독일 희망의 상징이 되었습니다. 누구든지 이 상징을

멸시하는 자는 우리의 독일을 멸시하는 것입니다"라고[9] 말했다.
1933년 초까지도 히틀러는 새 정부에 대한 기독교의 반응에 관
심을 가져야 했고, 따라서 자신의 좋은 뜻을 개신교와 가톨릭
모두에게 확신시키기 위해 최선을 다했던 것은 당연한 일이었
다.

히틀러의 '바람직한 기독교'(positive Christianity)

기독교의 교리가 나치의 교리와는 하나도 양립할 수 없음에
도 불구하고, 나치는 1930년대의 독일인 대부분이 교회에 속해
있다는 사실을 잘 알고 있었다. 기독교와 상관없이 초월적인 나
치즘을 원했던 독일인들에게 나치의 신념과 관행은 이방 종교
와 같았지만, 그럼에도 분명 일찍부터 나치즘을 기독교로 보이
게 하려는 시도가 있었다. 나치는 스스로를 '바람직한 기독교'
로 부르며 이를 옹호하고 나섰다. 사실 1920년의 공식 나치 강
령 24항에 이에 관한 진술이 포함되는데, 이는 완전히 새로운
것은 아니었다.

우리는 국가 내의 모든 종교적 신앙고백이 독일인의 관습과

9. Eberhard Bethge, *Dietrich Bonhoeffer: Eine Biographie*, 8th ed.
(Gütersloh: Chr. Kaiser/Gütersloher Verlagshaus, 2004), p. 305 [= 『디
트리히 본 회퍼』, 복있는사람, 2014].

도덕적 정서의 존립을 위태롭게 하거나 혹은 충돌하지 않는 한, 그것들에 대한 자유를 요구한다. 당은 그 자체로는 어느 신앙고백에도 얽매이지 않으나, 바람직한 기독교의 관점을 대변한다. 바람직한 기독교의 관점은 우리 안팎의 유대인의 유물론의 정신과 싸우며, 우리 민족의 지속적인 회복은 오로지 다음과 같은 원칙에 근거해서만 발생한다고 확신한다: '공적 필요가 사적 욕망을 앞선다'(*Gemeinnutz geht vor Eigennutz*).[10]

나치는 너무도 모호하고 동시에 위협적이기도 한 바람직한 기독교상을 가지고 '바람직하지 않다'(negative)고 여겨지는 기독교의 모든 측면을 공격했다. 나치 독일에서 바람직하지 않은 것이란, 나치 무리보다 개개인의 고유한 가치와 존엄을 강조하는 모든 것이었다. 나치 독일에서 바람직하지 않은 것이란, 유대인이 하나님에 의해 창조됐고 하나님에 의해 사랑받는 인간임을 암시하는 모든 것이었다. 나치 독일에서 바람직하지 않은 것이란, '유대 유물론'(그게 무엇이든 간에)과 싸우지 않는 모든 것 혹은 국가의 유익을 개인의 복지에 앞세우지 않는 모든 것이었다. 스스로 생각하는 것과 (국가에) 불응하는 것은 엄격하게 금지됐다. 바람직한 이들로 보이기 위한 기독교인들은 나치 이데올로기에

---

10. Richard Steigmann-Gail, *The Holy Reich: Nazi Conceptions of Christianity, 1919-1945* (New York: Cambridge University Press, 2003), p. 14.

순응해야만 했다.

　그러나 나치 강령 24항의 가장 사악한 측면은 그것이 기독교를 인종차별적 종교로 만들었다는 점이다. 나치 독일의 모든 것이 인종차별적이었다. 나치 독일은 오로지 인종차별주의에 기반을 둔 국가였다. 나치의 모든 것이 인종과 관련되어 있다 해도 과언이 아니었다. 그러므로 설교자들이 인종 문제를 어떻게 다루는지, 직접적으로 언급하고 있는지, 아니면 의도적으로나 간접적으로 무시하는지 주목하는 것은 중요하다. 즉, 설교들에서 유대인, 유대교, 구약이 어떻게 다루어지는지 주목할 필요가 있다.

　기독교 신앙과 인종차별을 결부시키는 나치 강령 24항은 나치가, 독일인들이 어떤 형태의 기독교를 실천할 수 있는지에 대한 유일한 해석자라는 사실을 분명히 해주었다. 국가 또는 나치의 유대인 박해에 대한 비판은 '바람직하지 않은 기독교'로 간주됐다.

　그런 의미에서 본서 후반부에 실린 설교들은 가장 바람직하지 않은 기독교의 사례들이다.

　만약 기독교인들이 바람직하지 않은 기독교와 연루되면 특수 법정(Sondergericht)에서 재판을 받게 될 수도 있었다. 그러한 재판이 독일, 슈베린(Schwerin)에서 일어났는데, 이는 나치 당국자들이 반대한 바, 1933년 여름부터 1934년 동안 회람된, 일련의 편지들을 쓰거나 거기에 서명한 목사들과 관련되어 있었다. 그러한 서신 교환 가운데, 목사들은 1934년 2월 17일, "그리스도의 교회를 위한 우리의 '논 포스무스'"(Our *Non Possumus* for the Sake of Christ's Church: *Non Possumus*는 "우리는 할 수 없다"는 의미의 라틴어다—역주)라는 제목으로 쓰인 편지에서 국가에 대한 순종이 기독교인들에게 요구된다 할지라도 '현재 교회 상황'에서는 그러한 순종이 유보될 수 있다고 발표했다.[11] 나치는 그러한 표현의 자유를 허용할 수 없었기에 물의를 일으킨 성직자를 다루기 위한 특수 법정이 열리게 됐다. 확실히 로마서 13:1에 대한 목사들의 '반성'(reflections)이 나치들이 볼 때 '바람직한' 것은 아니었다. 이 재판은 1934년 6월에 열렸다. 혐의는 다음과 같았다. 곧, 목사들은 국가가 교회 문제에 간섭한다고 암시함으로써 나치 국가를 모욕했다! 한 목사에게는 6개월 징역형이, 또 다른 목사에게는 4개월 징역형이, 그리고 또 다른 목사에게는 3개월의 징역형이 내려졌고, 또 다른 두 명의 목사에게는 무거운 벌금형이 선고됐다. 흥미롭게도 어느 한 사람에 대한 혐의는 "비록 그가 유죄이나" 그가 "일생의 상당 부분을 외국에서 보내었고 독일 상황을

---

11. Niklot Beste, *Der Kirchenkampf in Mecklenburg von 1933 bis 1945: Geschichte, Dokumente, Erinnerungen* (Göttingen: Vandenhoeck & Ruprecht, 1975), p. 83.

잘 몰랐다"는 이유로 기각됐다.[12] 이 재판은 새로운 독일에서의 기독교인의 삶에 대한 전체주의적 요구를 모든 사람들에게 알린 사건이 됐다.[13]

제3제국 초기에 종교 잡지들(journals)에서는 신앙에 대한 이러한 공식적 입장이 실제로 의미하는 바가 무엇인지 이해하기 위해 많은 글을 실었다. 『복음을 위한 투쟁 가운데 있는 교회』(The Church in the Struggle for the Gospel)라는 제목의 에세이 모음집에서 빌헬름 로트(Wilhelm Rott) 목사는 '바람직한 기독교란 무엇인가?'라는 제목의 글을 썼다.[14] 그는 바람직한 기독교에 대한 (국가의) 전체 프로그램이 참된 신앙 표현을 위협한다는 사실을 발견했다. 무엇보다도 나치 강령 24항은 '너무 모호하며' 그 해석이 당 조직에 맡겨져 있었다(3쪽). 그는 나치 자료들에 기록된 여러 정의들을 인용하면서, 바람직한 기독교라는 것이 기독교를 단순히 정치적 기독교와 사회 사업으로 축소시키며 정작 신앙의 내용은 다루지 않는다고 지적했다(8쪽). 그러자 괴벨스(Dr. Goebbels)는 함부르크(Hamburg)에서 열린 한 정당 집회에서 교회가 사람

---

12. Beste, *Kirchenkampf*, p. 84.

13. Beste, *Kirchenkampf*, p. 86.

14. Wilhelm Rott, "Was ist positives Christentum?" *Evangelische Kirchenarchive*, Berlin, Bestand 50/4888, pp. 1-73. (위 본문에 기록된) 페이지 숫자는 Rott의 글의 위치를 가리킨다. 이 에세이는 다음 책에도 실려 있다. *Was ist positives Christentum?* (Neuwied: Heuser, 1937).

들을 실망시키면서 교회가 국가로 하여금 기독교적 자선 활동을 하게 만들었다는 식으로 주장했다. 즉, "바람직한 기독교란 곧 국가사회주의다"(8-9쪽). 더욱이 알프레트 로젠베르크(Alfred Rosenberg)가 『20세기 신화』(The Myth of the Twentieth Century)에서 분명히 밝혔듯이 바람직한 기독교란 '게르만 기독교'였다. 로트는 바람직한 기독교에 대한 현재 통용되는 해석들은 사실상 정작 기독교에 대한 언급을 전혀 하지 않고도 표현될 수 있음을 관찰함으로써 그에 대한 자신의 반대를 요약했다(10쪽). 아마 추론할 수 있겠지만 바람직한 기독교란 하나님도, 그리스도도, 교리도 없는 기독교였다. 그것은 공허한 복음(empty gospel)이 말하는 '정치적 올바름'이었다.

하지만 로트가 자신의 에세이에서 분명히 밝혔듯, 기독교는 무엇보다도 예수 그리스도에 대한 신앙이 가장 중요했다. 로트는 기독교를 '바람직하게' 정의하는 유일한 길은 그리스도 자체를 바라보는 것이라고 주장했다. 왜냐하면 기독교인들에게는 그리스도 외에 다른 신앙의 척도란 있을 수 없기 때문이다(13쪽). 그러므로 참되고 바람직한 기독교란 하나님 아버지에게로 가는 유일한 길이 예수 그리스도라는 것에 '예'(yes)라고 말하는 것, 그의 복음에 '예'라고 말하는 것이다(14-15쪽). 그리고 예수는 성경을 통해 알려졌기에 바람직한 기독교는 또한 성경이 하나님의 말씀이라는 사실에 '예'라고 하는 것이다(17쪽). 이렇게 로트는 전통적이고 바람직한 신앙의 내용을 기독교에 되돌려주었다. 그는 결론에서 독일인들에게 "예수 그리스도"와 "게르만 인종의 윤리와 도덕" 사이에서 선택할 것을 제안했다(17쪽). 참으로 로트는 바람직한 기독교의 개념을 전통적 기독교 신앙에 대한 고백으로 바꾸어 놓았다. 아마도 여기서 우리는 앞으로 등장하게 될 고백 교회의 윤곽을 보았다고 할 수 있을 것이다.

히틀러에 대한 믿음

나치 프로그램에는 위조된 바람직한 기독교 개념이 포함되어 있었고 또한 히틀러는 연설 중 하나님에 대한 언급을 쏟아냈지만, 히틀러나 나치즘은 전통 기독교와 공통점이 단 하나도 없었다. 나치의 종교는 이교의 구세주와 신조를 담은 이교 자체였다. 나치즘의 신조는 죄를 알지 못했고, 나치즘의 신앙은 폭력에 영광을 돌렸다. 나치즘에는 온유함, 겸손함, 이웃 사랑, 용서에 대한 생각이 전혀 없었다. 히틀러는 독일의 구세주였고, 유대인들은 육화한 악마들이었다. 기독교와 나치즘은 모두 '나라/제국'(*Reich*)에 대해 말했지만(하나님 나라를 표현할 때 사용하는 독일어는 *Reich Gottes*이며 나치의 제3제국을 표현하는 독일어는 *Drittes Reich*이다. 제3제국은 고대, 중세, 현대로 구별하는 역사적 표현이자, 구약 시대, 신약 시대, 종말 시대를 상징하는 기독교적 표현이기도 하며 동시에 신성로마제국과 독일제국에 이어 독일의 영광스러운 모습을 계승한다는 정치적 표현이기도 하다—

역주), 각각은 그 의미를 너무도 다르게 이해했다. 히틀러는 언제나 제3제국이 천 년간 지속될 것이라고 말했지만, 기독교인들은 하나님 나라가 영원히 지속될 것이라는 것을 알고 있었다. 독일인들은 어떤 나라에서 살고 싶어했을까? 독일 기독교인들이 주기도문을 외우며 하나님 나라를 구하는 동안 나치는 이미 도래한 제국의 음악에 맞추어 행진하고 있었다.

　나치 독일에 관한 많은 책이 나치즘의 종교적 성격에 대해 논한다. 그중 한 학자는 내부자의 관점을 제공한다. 많은 사람이 이미 알고 있듯, 빅토르 클렘페러(Victor Klemperer)는 유대인 교수였으나 그의 아내는 유대인이 아니었기에 죽음의 수용소로 이송되는 것을 피할 수 있었다. 그는 대학교 교수직에서 쫓겨난 후, 이방인 아내와 함께 드레스덴(Dresden)의 '유대인의 집'(Jew House)으로 이사하라는 명령을 받았다. 그는 강제수용소로 이송되지 않고서 히틀러의 13년 독재 기간 동안 살아남았다. 전(前) 교수였던 그는 자신의 상황에 가장 괄목할 만한 방식으로 반응했다. 그는 비밀 일기를 썼다. 그 일기는 나치 언어에 대한 자신의 연구와 더불어 유대 지식인의 관점으로 히틀러 치하 독일에서의 일상 생활을 들여다보게 해주는 매우 드문 자료를 제공한다. 클렘페러는 나치 언어를 해설하며 나치즘의 종교적 성격을 규명하기 위해 한 장(chapter)을 할애한다.

　클렘페러는 독일인들이 자신들의 히틀러에 대한 '믿음'을

고백하는 것을 들었던 순간들을 회상하며, 대학의 한 노동 계급
인 여성 파울라 폰 B.(Paula von B.)의 이야기를 시작한다. 1933년
그녀는 들뜬 마음으로 (클렘페러의) 교수 사무실에 찾아왔다. 클
렘페러가 그녀에게 무슨 좋은 일이 있었냐 묻자, 그녀는 1914년
제1차 세계대전이 시작된 이후로 기분이 좋지 않았다고 답했다.
그녀는 그에게, 총통이 "우리를 다시 고향으로 데려다줬어요"
라고 한 뒤, "아시겠지만 … 저는 완전히 총통에게 빠졌어요"라
고 덧붙였다.[15] 클렘페러가 히틀러의 리더십에 대한 그녀의 확
신의 근거가 무엇인지 묻자 그녀는 이렇게 말했다: "모든 확신
은 '믿음'에서 오죠."[16]

오늘날에는 터무니없는 소리로 들리겠지만, 클렘페러의 지
인 중 많은 사람이 1945년 봄, 전쟁의 마지막 폭탄이 떨어질 때
까지도 히틀러에 대한 이러한 믿음을 고수했다. 러시아인들이
몰락해가는 제3제국 깊이 침투하고 있을 때 클렘페러는 서쪽
전선에서 팔 한 쪽을 잃은 한 독일 군인과 짧은 대화를 나누었
다. 독일의 최종 승리에 대한 이 청년의 낙관주의에 놀란 클렘
페러는 도대체 어떻게 한 쪽 팔을 잃고서 붉은 군대(Red Army)가

---

15. Victor Klemperer, *The Language of the Third Reich: LTI — Lingua Tertii Imperii; A Philologist's Notebook,* trans. Martin Bradley (New York: Continuum Impacts, 2006), pp. 104-5.

16. Klemperer, *Language*, pp. 105-6.

독일로 더욱 깊숙이 진군한 것을 보고도 그러한 자신감을 가질 수 있는지 의아해했다. 그 청년의 대답은 제3제국의 끝 무렵에도 동일한 종교적 믿음이 있었음을 보여 주었는데, 그는 이렇게 답하기 시작했다.

> 저는 전쟁에 대해 판단할 정도로 똑똑하지 않습니다. 하지만 총통은 얼마 전 우리가 분명히 승리할 것이라고 발표했습니다. 그리고 그분은 우리에게 한 번도 거짓말한 적이 없습니다. 저는 히틀러를 믿습니다. 아니, 하나님이 히틀러를 곤경에 빠뜨리지 않을 것입니다. 저는 히틀러를 믿습니다.[17]

히틀러를 구세주이자 새로운 그리스도로 믿는 확고한 믿음뿐 아니라 일종의 성경에 대한 믿음도 있었다. 히틀러의 『나의 투쟁』(Mein Kampf)이 '국가사회주의와 새로운 독일의 거룩한 성경'이었다. 클렘페러는 종교적인 언어로 히틀러에 대하여 언급하는 사례가 너무 많기에 일기장에 그것을 일일이 나열하기를 멈춘다고 알린 뒤, 독일의 구원을 위한 '성전'(聖戰) 중 많은 사람이 끝까지 그러한 믿음을 유지하고 죽었다고 결론을 내렸다.[18]

매력적인 '국가사회주의의 어휘'(Vokabular des Nationalsozialismus)

---

17. Klemperer, *Language*, p. 108.

18. Klemperer, *Language*, p. 114.

에 관한 '믿음'을 다룬 한 에세이에는 나치즘을 새로운 신앙으로 언급하는 수많은 사례가 나온다. 나치 지도부와 히틀러 본인의 연설 인용문들은 히틀러 자신과 나치즘에 대한 믿음이 절대적 계명임을 잘 보여 준다. 1930년, 고트프리트 페더(Gottfried Feder)가 저널(NS Monatshefte)에 발행한 글은 나치판(Nazi version) 삼위일체를 제공했다: '피, 신앙, 국가의 삼위일체.' 에르빈 에케르트(Erwin Eckert)의 에세이, '나치 돌격대의 믿음'에서 가져온 또 다른 인용도 나치에 대한 믿음을 요약하는데, 바로 총통이 "하나님의 뜻으로 말미암아 우리에게 왔다"는 것이었다.[19]

아돌프 히틀러가 곧 독일을 위한 하나님의 뜻의 표현이었으므로 그의 제국은 다른 정부들과는 비교할 수 없다는 결론이 뒤따랐다. 나치 제국은 일시적인 제국들과 달리 하나님 나라를 닮았다. 실제로 제3제국 기간 동안 많은 사람을 시험하기 위한 하나의 속임수 질문이 있었다(클렘페러는 영원하다는 히틀러의 지상 제국을 묘사하는 데 이 질문을 사용한 바 있다). 그 질문은 '제3제국 다음에는 무엇이 오는가?'였다. 만약 질문을 듣는 사람이 제4제국이라고 답하면, 그는 이 시험을 통과하지 못한 것이 된다. 정답은 '제3제국은 영원하기에 제3제국 이후에는 아무것도 오지 않는다'

---

19. Cornelia Schmitz-Berning, *Vokabular des Nationalsozialismus* (Berlin: Walter de Gruyter, 2007), p. 276.

이다.[20]

만약 히틀러가 그리스도를 대치하고, 제3제국이 하나님 나라를 대치했다면, 그리스도의 피가 아니라 게르만의 피가 구원한다는 결론이 뒤따른다. 국가사회주의의 기본서인 『20세기의 신화』를 쓴 로젠베르크가 지적했듯, 아리아인의 피에 대한 새로운 게르만의 믿음은 옛 성례들을 대체했을뿐만 아니라 능가했다.[21] 따라서 이 새로운 믿음은 종교에 요구되는 모든 요소, 곧 복음, 지도자, 영원성을 갖추었다.

그러므로 교회를 떠났거나 혹은 전혀 속하지 않았던 독일인이라 할지라도 믿음을 요구하는 종교를 갖고 있었던 셈이다. 이 신념 체계에서 나치즘은 기독교의 훌륭한 장점들을 우수한 나치의 자질들로 대체했다: 약함보다 강함, 겸손보다 지배, 사랑보다 혐오, 그리스도를 의존하기보다 히틀러를 의존함, 영원에 대한 감각이나 성례보다 혈통, 인종, 나라(soil)를 언급함 등등. 기독교는 고대사의 쓰레기통에 버려졌다. 라디오, 신문, 극장, 학교, 대학, 남자, 여자, 어린이 할 것 없이 제국 전역에 매일 히틀러가 도래했다는 복음이 선포됐다. 이 새로운 복음은 현대적이고 과학적이었으며[22] 호소력이 짙었다. 제1차 세계대전의 폐허

---

20. Klemperer, *Language*, p. 110.

21. Schmitz-Berning, *Vokabular des Nationalsozialismus*, p. 276에서 인용.

22. Klaus P. Fischer, *The History of an Obsession: German Judeophobia and*

와 굴욕을 경험한 독일이 패배와 수치로부터 돌아오고 있었다.

마이클 벌리(Michael Burleigh)는 나치 독일에 관하여 쓴 자신의 역사 연구서 서문에서 1937년 나치즘과 기독교 사이의 갈등에 주의를 환기시킨 한 익명 기자의 통찰력을 언급한다. 나치 종교는 "고유한 불관용적인 교리, 설교자, 신성한 의식, 과거, 현재, 미래에 대한 완전한 설명을 제공하는 고상한 관용어구들을 갖고 있었으며 지지자들에게 확고부동한 헌신을 요구했다. 잠자코 따르는 것만으로는 충분치 않았다. 이 정권은 자신의 국민들에게 끊임없는 확신과 열정을 요구했다."[23] 그런 점에서 나치의 집회들이 음악과 노래, 제복과 깃발, 환호하는 군중, 근본주의자들의 설교와 꼭 닮은 열정적인 연설로 가득 찼다는 사실은 놀라운 일이 아니다. 1934년 나치당 집회를 다룬 영화, 『의지의 승리』(*Triumph des Willens*)에서 히틀러는 하늘에서 자신을 바라보는 추종자들에게로 내려오는 신으로 묘사되며, 처음 30분 정도는 아무 말 없이 감성을 자극하는 낭만적인 군대 음악으로 채워져 있다.

나치는 가족 생활에서 일어나는 주요한 일들에 대해서도 각본을 썼다. 나치는 결혼과 세례에 관한 텍스트를 썼다. 심지어

the Holocaust (New York: Continuum, 2001), pp. 376-77.

23. Michael Burleigh, *The Third Reich: A New History* (New York: Hill and Wang, 2000), p. 5.

나치들은 크리스마스 때에 너무나도 독일적인 크리스마스 캐롤 가사를 새로이 썼다. '고요한 밤, 거룩한 밤'이라는 찬송가 가사 속 예수의 자리에 히틀러를 넣은 것이다.

> 고요한 밤, 거룩한 밤, 어둠에 묻힌 밤
>
> 쉼 없이 싸우는 수상만이
>
> 밤낮 독일을 지켜보며
>
> 언제나 우리를 돌보시네.[24]

『나치의 교회 박해: 1933~1945』(*The Nazi Persecution of the Churches: 1933-1945*)에서 콘웨이(J. S. Conway)는 1936년 졸링엔(Solingen)에서 이루어진 나치 크리스마스 설교를 재현했다. 그것은 베를린 구(舊)프러시아연합교회(Old Prussian Union Church in Berlin)의 자료에서 가져왔으며 비록 그 자체에 대한 정보는 적지만 짧은 텍스트 자체가 말하는 바가 있다. 그 텍스트에 의하면 크리스마스는 예수 그리스도의 생일이 아니라 게르만 선조들이 빛의 도래를 예견했던 고대 게르만인의 빛의 축제다. 그들은 크리스마스 나무 주위에 모여서 빛의 상징인 나무의 가지들에 '자신들의 타오르는 횃불'을 두었다. 그런 다음 설교자는 히틀러에 대한 자신

---

24. Burleigh, *The Third Reich*, p. 260.

의 생각을 말하는데, '대전'(Great War) 이후 독일이 파괴와 어둠
에 빠져있을 때, '그가' 빛에 관하여 말해주고 길을 인도했다고
이야기한다. 그때 독일은 "일어났고 빛의 상징, '스바스티카'를
따랐다." 독일인의 마음에 크리스마스를 안겨준 "복지 프로그
램과 겨울 구제" 속에서 모든 독일인이 새로운 지도자의 자비
를 증언할 수 있었다.[25]

이 설교에 의하면 히틀러는, 마치 예수가 때가 차서 왔듯, 그
도 때가 차서 독일인들에게 왔다. 고대 게르만 민간 전승이 구
약 예언을 대체했다. 히틀러 이전에 어둠이 땅을 덮었지만, 히
틀러는 빛을 가져왔다. 이는 곧 예수보다 히틀러야말로 세계에
참빛을 가져온 자라는 것을 함축한다. 그리스도와 기독교인들
이 가난하고 배고픈 사람들을 돌보았지만, 이제는 나치의 자비
로운 겨울 구제가 그 사회적 복지 기능을 넘겨받았다. 사실 나
치는 교회가 자선 활동을 할 수 없도록 금지했기에 배고픈 자들
은 히틀러가 베푸는 일용할 양식에 감사를 표할 수밖에 없었
다.[26]

이제 새로운 '택함받은 민족'은 이집트나 바벨론이 아니라,
제1차 세계대전의 수치로부터 탈출한다. 그렇게 나치는 유럽에

---

25. J. S. Conway, *The Nazi Persecution of the Churches: 1933-1945*
    (Vancouver: Regent College Publishing, 1968), pp. 364-65.
26. Burleigh, *The Third Reich*, p. 260.

구원은커녕 지옥을 가져다줄 대안 종교를 만들어냈다.

나치가 세상을 바라보는 방식

통상 이교들이 그러하듯 나치즘도 직관적이었던 세계관을
제공했다. 나치즘의 핵심 사유는 '폴크'(Volk)라는 단어에 있다.
독일어, 특히 제3제국의 독일어에서 이 단어는 '민중'(folk)이나
'백성'(people)이라는 단어보다 더 복잡했다. 나치 언어에서 '폴
크'는 인종에 뿌리를 내리고 있으며 국가들, 사회들, 집단들을
식별하는 핵심 요소가 됐다.[27] 우리는 때로는 나치 자료의 '폴크'
를 '인종' 또는 게르만족 요소에 대한 개념을 갖춘 아리안 인종
으로 볼 수 있다. 즉, 나치는 세계를 인종적으로만 보았다. 인종
의 순수성 그리고 인종 집단의 신체적 특징들이 주요한 관심사
였다. 각 인종은 저마다 물려받는 특질들이 있는데, 인종이 섞
이거나 혼합되는 일은 그러한 특질들을 약화시킨다. 이런 이유
로 게르만 인종 혹은 아리안 인종(나치 사상에서 이 단어들은 종종 혼
용됨)은 지구상의 그 어떤 인종들보다 월등했다. 그에 비해 유대
인종은 모든 인종 중 가장 열등했다.

나치들은 인종적 편견에 근거한 세계관을 가지고 세계를 갈
등의 무대로 보았다. 곧, 인종들은 지배를 위한 생사를 건 투쟁

---

27. Schmitz-Berning, *Vokabular des Nationalsozialismus*, p. 642.

에 연관되어 있다는 것이다. 이러한 갈등의 확신은 자동적으로 유대인을 적으로 만들었다. 그들이 표면적으로(말하자면 길거리에서) 무슨 행동을 하든지 독일인은 모든 유대인이 우월한 인종의 파멸을 계획하고 있다는 생각을 갖게 됐다. 만약 세상을 그런 식으로만 바라본다면, 심지어 상대가 어린이나 노인이라 할지라도 타자에 대한 아무런 동정심도 가질 수 없게 될 것이다. 세계가 인종 간의 전쟁터가 되었으므로 연민이나 공감 같은 것은 이미 사라지고 없다. 심지어 유대인이라면 어린이라 할지라도 대적이며, 어떤 아이도 이러한 적대감을 바꿀 수 없다. 즉, 남녀노소를 불문하고 모든 유대인은 그저 제거되어야만 하는 '타인'이 된다. 적대적 인종을 치우고 궁극적으로는 근멸시키는 것이 게르만 '폴크'의 유일하고 확실한 방어 방식이다.

당연하게도 그러한 인종적 견해를 가진 세계는 기독교를 약하고 쓸모없는 존재로 만들었고, 심지어 나치의 원칙과 목적에 적대적인 것처럼 보이게 했으며, 기독교는 나치에 도움을 주기보다는 방해하는 것, 친밀하기보다는 의심스러운 것, 게르만보다는 이방에 가까운 것이 됐다.

1937년 뮌헨(Munich)의 나치 중앙당 출판사는 『나치 입문: 히틀러 청소년단을 교육하기 위한 공식 핸드북』(The Nazi Primer: Official Handbook for Schooling the Hitler Youth)을 출판했는데, 이 책은 히틀러 청소년단에 속한 소년들의 교육을 위한 나치의 세계관을 제공했다. 이 '신조'의 첫 번째 조항은 '인간의 다름에 관하여'였다. 첫 문장은 다음과 같다: "국가사회주의의 인생관의 기초는 인간들의 다름에 대한 인식이다."[28] 이 입문서는 개개인은 외적 모습이 저마다 다르다는 사실을 지적하면서 그러한 신체적 특성을 "정신적, 영적 특성"과 연결시켰다(5쪽). 나치즘은 유대인이나 게르만인이나 같은 인간이라는 인상과 싸워야 했는데, 실제로는 때로 누가 유대인인지 식별하기는 어려웠다(그래서 황색 별[yellow star]을 유대인에게 달았고, 이름도 독일식에서 유대식으로 강제로 바꾸게 했다). 나치는 교육을 통해 피부 아래(혈통)의 차이점도 가르쳐야 했다.

> 그러므로 인간은 내적 구성물과 더불어 고려되어야 한다. 신체적 특징은 마치 둘 다 백인 가족 구성원처럼 보이게 하더라도 게르만의 피는 유대인의 피와 명백하게 큰 차이가 있기 때문이다. 우리는 이에 따라 적절하게 행동하고 또한 이러한 지식에 따라 벌어지는 일을 평가한다(7쪽).

인종과 피에 대한 이러한 우위를 지적한 뒤, 이 입문서는 독

---

28. Harwood L. Childs, ed. and trans., *The Nazi Primer: Official Handbook for Schooling the Hitler Youth* (New York: Harper, 1938), p. 5. (위 본문에 기록된) 페이지 숫자는 Childs의 글의 위치를 가리킨다.

일이 직면한, "프리메이슨(Free Masons), 마르크스주의자(Marxists), 기독교 교회로 말미암는 위험"에 대하여 경고했다(9쪽). 이 입문서는 너무도 다르고, 도무지 화해할 수 없는 저 집단들을 국가사회주의의 적으로 한데 묶었고(나치가 선호하는 전략 중 하나다), 또 특수한 경우에는 로마 가톨릭을, 대체적으로는 일반적 기독교인들을 겨냥했다. 구체적으로 그 저자들은 비기독교 독일인이 "교회의 눈에 유대인보다, 흑인보다, 다른 백인보다" 열등하게 보여지고 있음을 강조하면서 기독교의 '이마고 데이'(*imago Dei*: 모든 인간은 하나님의 형상으로 창조됐다는 교리—역주) 교리를 조롱했다(10쪽). 이는 당연히 왜곡된 것이지만, 이 입문서에서는 실제 기독교 교리를 그런 식으로 왜곡하는 것에 아무런 거리낌이 없었다. 입문서가 주목하듯이, 결국 "독일 및 다른 모든 나라에서 유대인은 단지 유대인으로 남을 뿐이다"(52쪽).

　나치는 인종차별적 선전 교육을 강화하기 위해 언론과 학교에 거짓말 및 유대인에 대한 우스꽝스런 삽화들을 뿌렸다. 초등학생들은 유대인이 독버섯 같은 존재라고 배웠다. 유대인이 다른 사람들과 다를 바 없어 보이지만 독일인들에게는 치명적이라는 것이다. 히틀러, 괴벨스, 기타 나치들의 연설을 통해 드러나는 두 갈래의 생각이 있었다. 하나는 유대인이 현존하는 가장 저열한 동물이라는 것, 또 다른 하나는 그럼에도 그들의 놀라운 교활함 때문에 독일인의 삶과 문화에 가장 큰 위협이 된다는 사실이었다. 나치는 유대인들을 동료 독일인들로부터 격리시키고 또한 그들의 삶을 괴롭고 비참하게 만들기 위한 법들을 차례로 통과시켰다.

클렘페러는 자신의 일기에 새로이 생겨나는 제한들을 모두 기록했고 그로 인해 얼마나 점점 더 삶이 어려워지고 있는지에 대해서도 서술했다. 예를 들면, 유대인은 애완 동물을 기를 수 없었고, 개인 타자기를 소유할 수 없었으며 특정 시간에는 공공 시설이나 거리에 있을 수 없었다. 심지어 안경도, 겨울철 의복도 금지됐다. 유대인의 삶을 괴롭게 하거나 위협하는 것이라면 무엇이든지 어쨌든 결국 법으로 제정되었고, 이는 '최종 해결책'이 시행될 때까지 그러했다. 클렘페러와 다른 이들에게는 황색 별이 특히 괴로운 것이었다.

나는 오늘 내 자신에게와 그리고 나와 같은 부류의 모든 사람이 수백 번도 던진 똑같은 질문을 다시금 던져본다. 12년간 지옥 같은 날들 중 유대인에게 최악의 날은 언제였을까?

나는 늘 예외없이 나 자신에게서나 다른 사람에게서 똑같은 답을 듣는다. 바로 1941년 9월 19일이다. 그날부터 유대인의 별을 의무적으로 착용해야 했다. 여섯 개의 꼭지점이 있는 이 다윗의 별이 노란색 천 조각에 새겨져 있는데, 그건 오늘날에는 전염병과 격리를 나타내며, 중세 시대에 황색은 유대인

을 식별할 때 사용했는데, 시기(envy)의 색깔이었고 혈액에 들
어 있는 담즙색이었다. 검은색으로 인쇄된 '유대인'이라는 글
자가 있는 노란 천 조각, 두 개의 포개어진 삼각형의 선에 간
혀 있는 그 단어, 굵은 대문자로 구성된 그 단어, 히브리어 형
태를 위해 분리되어 넓고 과장된 수평선이 있던 바로 그 표
식.[29]

클렘페러의 묘사에 있는 이 글자 하나하나는 수치와 굴욕을
그리고 그 별이 전달하는 타자성과 적대감을 나타낸다. 나병환
자처럼 낙인이 찍힌 남자들, 여자들, 어린이들에게는 다시금 독
일 사회에 받아들여질 것이란 희망은 없었다.

그러나 유대인들이 싸워야만 했던 것은 반유대적인 '법'만
이 아니었다. 나치의 증오 방식에 있어서 '언어'도 핵심적이었
다. 클렘페러는 『제3제국의 언어』(*The Language of the Third Reich*)에서
유대인을 비난하는 나치 연설에 대하여 긴 부분을 할애했다.
'유대인 전쟁'이라는 제목의 장에서 클렘페러는 이러한 유대인
의 고립에 대해 자세히 다루었다. 그는 유대인을 언급하는 나치
언어의 모든 측면이 겨냥하는 바에 대하여 이렇게 말했다.

---

29. Klemperer, *Language*, p. 167.

유대인들을 철저하게 분리하고 결코 독일의 그 어느 것과도 화해할 수 없게 만들었다. 그리고 어느샌가 그들은 유대인, 유대 인종, 그리고 세계의 혹은 국제적 유대인으로 특징지어지게 되었는데, 두 경우 모두 중요한 것은 저들의 비독일성이었다.[30]

클렘페러가 지적했듯, 히틀러와 괴벨스는 비하하는 수식어를 사용하지 않고서 단순히 '유대인'이라는 말만을 사용한 적이 거의 없다. '교활한', '약삭빠른', '잘 속이는', '겁쟁이 같은' 형용사는 불신과 위험의 분위기를 형성했고, '평발인', '코가 뾰족한', '물을 겁내는' 등과 같은 형용사는 비하되는 신체적 특징들을 강조했다. 나름 배웠다는 사람들은 '기생충 같은', '유랑하는' 등과 같은 형용사를 사용했다.[31] 마지막 두 개의 형용사는 독일인들과 달리 유대인은 고국(*Heimat*)이 없으므로 따라서 '게르만의 피를 먹는', '고귀한 게르만 인종의 피를 빠는' 기생충임을 암시했다. 만약 독일인이 건강한 '혈통과 나라(*soil*)'로 번성했다면, 유대인은 그러한 독일 '폴크'의 건강을 위협했다. 유대인을 기생동물과 동일시하는 것은 박멸이 최종 해결책이라는 생각을 논리적인 것처럼 보이게 했을 것이다.

---

30. Klemperer, *Language*, p. 178.

31. Klemperer, *Language*, p. 179.

클렘페러는 나치 언어에 대한 언어학적 연구를 진행하던 초
기에 나치 어휘의 가장 교활하고 효과적인 요소에 집중했다. 그
는 나치가 가장 큰 효과를 거두었던 것이 연설, 기사, 팜플렛이
아니라, 오히려 "수백만 번도 넘게 반복되는 몇몇 단어들, 관용
어구, 문장 구조로서 그것들이 인기를 얻어 기계적으로 그리고
무의식적으로 흡수되었던 것"이라고 밝혔다. 그래서 프리드리
히 쉴러(Friedrich Schiller)가 쓴 '문명화된 언어'(civilized language)가
유독 성분과 섞였을 때는 치명적인 독이 됐다. 나치의 독일어
단어 조작은 마치 "자기도 모른 새 삼켜버린 극소량의 비소(砒
素)"와 같아서 처음에는 효과가 없는 것 같지만 시간이 지나 확
실하게 "독이 퍼졌다."[32]

클렘페러는 독일의 반셈족주의 문제에 대한 자신만의 관점
을 제시하면서, 이 질병(반셈족주의)의 초기 증상과는 구별되는
나치 독일의 반셈족주의의 한 측면을 다음과 같이 강조했다.

초기에 유대인에 대한 반감은 기독교 신앙과 기독교 사회 밖
에 있는 집단을 향한 것이었다. 그래서 이 국가의 종교와 관습
의 수용은 보상 작용(compensation)으로, 그리고 (적어도 다음 세대
에는) 차이점을 모호하게 만드는 방식으로 작용했다. 그러나

---

32. Walter Klemperer, *LTI: Notizbuch eines Philologen*, 17th ed. (Leipzig:
    Reclam Verlag, 1998), pp. 26-27.

유대인과 비유대인의 차이를 피의 문제로 바꾸어 놓음으로써
이러한 보상 작용이 불가능하게 되었고, 그러한 경계는 영구
적인 것이 됐으며 심지어 하나님의 뜻으로서 정당화됐다.[33]

마이클 벌리도 같은 주제로 소리를 내며, 유대인들이 정말
로 위협적인 존재라고 독일인들에게 확신시키는 히틀러의 성공
을 부분적으로 설명할 수 있는 독일 유대인 인구에 관한 하나의
사실을 언급한다.

그러나 '유대인 문제'(Jewish Question)는 당대에, 적어도 이방인
이든 유대인이든, 다른 선입견을 갖고 있던 자유주의 집단들
내에서 가장 활발했던 사안이 아니었다. 언제 어디에나 존재
하는 편협한 사람들도 그렇고, 비록 독일인과 유대인의 관계
에만 초점을 맞춘 방대한 학술 문헌들이 우연히 그러한 인상
을 남기긴 했지만, 대다수 독일인은 유대인에 관해 생각하는
데 자신의 활동 시간을 보내지 않았다. 사람들이 유대인에 대
하여 관심 갖지 않는 분위기가 조장됐다. 대다수 독일인은 인
구의 1%도 되지 않는 이들에 대해서보다는 계급과 종교 문제
를 더 신경 썼다.[34]

---

33. Klemperer, *Language*, p. 133.

34. Burleigh, *The Third Reich*, pp. 72-73.

　　놀랍게도 독일 내의 유대인은 너무도 소수였기에 대다수 독일인은 유대인 이웃, 유대인 상인, 유대인 의사, 유대인 변호사, 유대인 교사, 유대인 교수와 개인적으로 만날 기회가 거의 없었다. 그래서 히틀러의 생각들이 얼마나 터무니없는지 이야기해 줄 유대인 친구를 가진 독일인은 사실상 극소수였다. 고정관념이라는 것이 정작 해당 집단에 소속된 사람을 알게 되면 쉽사리 사라지는 것이지만, 유대인 인구는 독일 인구의 1%도 되지 않았기에, 개인적으로 유대인에 대하여 아는 독일인은 거의 없었다. 인종 혐오는 왜곡과 고정관념에 먹이를 주었다.

　　독일에 있는 대부분의 유대인은 독일 문화에 동화됐다. 그들은 음악가, 작가, 철학자, 교수, 의사 등으로 활동하고 있었다. 또한 많은 유대인이 기독교로 개종하였고, 많은 유대인이 유대인의 율법이나 관습을 지키지도 않았다. 제1차 세계대전 기간 동안 많은 유대인이 독일을 위해 용감히 싸웠다. 이는 독일 내 유대인이 아무런 문제를 겪지도, 편견을 당하지도 않았다는 이야기가 아니다. 그들도 그런 일들을 당했다. 유능한 남녀가 단순히 그들이 유대인이라는 이유만으로 저명한 직업, 권위 있는 직위에서 쫓겨났다. 독일 내 유대인은 자신들을 제국 내의 그 어느 독일 남성이나 여성 못지않게 스스로를 독일인이라고 여겼다. 그렇기에 독일-유대인에 대한 나치의 혐오와 박해는 더욱 비극적이었고, 도무지 이해할 수 없는 일이었다.

예수는 정말로 유대인이었나?

독일 내의 반셈족 혐오 정서가 고조됨에 따라 나치 세계관을 선호했던 기독교인들은 나치가 조롱하던 한 유대인 남자를 예배하고 있다는 당혹스러운 현실을 마주해야 했다. 예수는 유대인이었다. 이 기본적인 역사의 진리로 인해 나치는 예수를 받아들일 수 없게끔 조장했다. 기독교 신앙과 새로운 정치 사이의 긴장을 완화하기 위해서 무엇이라도 해야 했다. 그 해결책은 예수를 유대인에서 아리아인으로 바꾸는 것이었다. 예수의 정체성을 바꾸려는 이들은 너무도 간단히 예수는 처음부터 유대인이 아니었다고 주장했다. 독일 학교 내의 어느 한 친나치 성향의 종교 교사는 학생들에게 갈릴리가 유대 지역이 아니었고, 유대인은 기원전 104년에 그 지역을 점령했을 뿐이었으며, 갈릴리 인구 대다수는 유대인의 지배를 받고 있던 아리아인이었다고 가르쳤다. 그 교사는 자신의 학생들에게 예수는 아리아인이었으며 예수의 사고 방식과 행동은 유대적인 것과는 극명하게 대조된다고 말했다. 그리고 그 교사는 유대인이 마귀의 후손이라는 것을 증명하기 위해 예수가 자신의 대적자들에게 저들의 아버지는 마귀라고 말한 요한복음 8:44을 인용했다.[35] 일단 예수를 아리아인 영웅으로 만들고 나면, 그를 나치의 의도대로 주무를 수 있었다.

1922년에 출판됐다가 1933년에 재출판된 한 책은 아리아인 예수의 보다 이른 실례를 제공한다. 독일의 교육자이자 괴벨스의 친구이기도 한 디트리히 클라게스(Dietrich Klagges)가 저술한 『예수의 원복음: 독일 신앙』(원서 제목: *Das Urevangelium Jesu, der deutsche Glaube*—역주)은 게르만 기독교의 기본적인 윤곽을 제공했다. 이 책에 의하면 복음서들 이면에 있는 원복음(*Urevangelium*)이 연구를 통해 발견될 수 있었다. 확실히 반셈족주의 연구자들은 자신들이 찾고자 한 예수를 찾아냈다. 예컨대, 예수가 바리새인들과 논쟁을 했던 것은 신실한 유대인들끼리 공통된 전통을 두고 논쟁했던 것이 아니라 유대인의 모든 것을 격렬하게 거부한 것이었다.[36]

클라게스는 '원수들'(The Enemies)이라는 장(chapter)에서 예수와 반대자들 사이의 갈등을 인종적 용어로 표현했다. 그는 예수가 갈릴리에서 시작한 '영적 혁명'(spiritual revolution)을 언급하며

---

35. Eberhard Röhm and Jörg Thierfelder, *Evangelische Kirche zwischen Kreuz und Hakenkreuz: Bilder und Texte einer Ausstellung*, 4th ed. (Stuttgart: Calwer Verlag, 1990), pp. 78-79.

36. Dietrich Klagges, *Das Urevangelium Jesu: Der deutsche Glaube* (Leipzig: Armem-Verlag, 1933), p. 110.

다음과 같이 썼다.

> 저들[예수의 반대자들]은 자신들의 대의가 위협받는다고 느꼈을
> 것이다. 이러한 방식으로 세상과 삶을 바라보는 것, 그러한 철
> 학적, 종교적, 윤리적 원칙은 저들의 방식과 철저히 반대됐다.
> 저들은 여기서 철저하게 대립하는 두 세계관이 있으며 그 이
> 면에는 두 종류의, 곧 두 인종의 의지가 부딪히고 있다는 것을
> 알았다.[37]

이러한 독법에 따르면, 예수는 우리의 죄를 위하여 죽기 위해 종려 주일에 예루살렘에 입성한 것이 아니라, 아리아인의 전사로서 적의 수도에 들어간 것이었다.[38]

예수를 나치가 받아들일 수 있는 아리아인 영웅으로 만들려는 그러한 시도는 1920년대와 1930년대 독일에 널리 퍼졌다. '독일 교회 생활에 미친 유대인의 영향 연구/제거를 위한 연구소'(Institute for Research and Elimination of Jewish Influence on German Ecclesiastical Life)의 회원들은 비유대인 예수에 대한 가장 강력한 '연구'를 발표했다. 연구소가 존속하는 동안, 그 연구소의 회원은 "제국 전역의 대학에 재직 중인 50여 명 이상의 신학교 교수들

---

37. Klagges, *Das Urevangelium Jesu*, p. 163.

38. Klagges, *Das Urevangelium Jesu*, p. 165.

… 그리고 수십 명의 강사와 대학원생"을 포함했다.[39] 이러한 나치 "신학자들"의 작업으로 인해, 독일인들은 "유대인의 영향을 제거한 신약성경"을 구입할 수 있었다. 이렇게 편집된 신약성경 그리고 축약판은 대략 20만부가 판매됐다.[40]

따라서 나치 사회에서 나치의 복음에 순응하라는 압력이 있다는 것을 고려할 때, 본서에 수록된 설교들에서 유대인 혐오 언어의 부재와 직간접적으로 예수가 유대인이라는 사실에 대한 빈번한 언급은 주목할 만하다. 내 생각에 이는 설교자들이 지배적인 패러다임을 전복할 수 있었던 수단 중 하나였다. 또한 구약성경 본문, 특히 예언자들과 저들이 정의를 외치는 본문에 근거한 설교의 경우도 마찬가지다. 이사야, 예레미야, 시편 기자들은 나치 독일에서 참으로 급진적이고 (나치 기준으로—역주) '정치적으로 올바르지 않은' 소리를 냈다!

약자들을 위한 믿음

정통 기독교에 대해 나치의 혐오를 불러일으킨 것은 예수가 유대인이라는 사실뿐만이 아니었다. 유대교의 신을 나란히 경

---

39. Susannah Heschel, "When Jesus Was an Aryan: The Protestant Church and Antisemitic Propaganda," in *Betrayal: German Churches and the Holocaust*, ed. Robert P. Ericksen and Susannah Heschel (Minneapolis: Fortress, 1999), p. 72.

40. Heschel, "Aryan," p. 73.

배하는 기독교는 나치들이 경멸하는 미덕들을 높인다. 예를 들면, 이웃 사랑, 용서, 화평, 겸손 등이 그것들이다. 무엇보다도 나치가 가장 이해할 수 없었던 것은 바로 원수를 사랑하고 핍박하는 자를 위해 기도하라는 기독교적 법칙이었다. 마이클 벌리는 이 점을 잘 짚어주었다.

> 나치는 기독교를 멸시했다. 왜냐하면 기독교는 유대교의 뿌리를 갖고 있었고, 여성적이었고, 내세를 믿었고, 보편성을 띠었기 때문이다. 기독교는 원치 않는 감수성과 가치들을 동원했기에 삶을 긍정하는 사람에게 삶을 부정하라는 것처럼 보였다. 용서는 원한을 품고 있는 증오하는 자들을 위한 것이 아니었고, 연민은 약자를 땅에 짓밟고자 하는 자들에게는 쓸모없는 것이었다. 한마디로 기독교는 '영혼의 질병'이었다.[41]

T4: 장애인 학살 프로그램

히틀러와 그의 추종자들이 약자를 멸시했기에 나치는 약자에 대한 기독교적 사랑도 멸시했다. 히틀러는 1929년 나치 집회에서 무력한 자들에 대한 자신의 경멸을 표명했고 독일이 전반적으로 "강해지기 위해서", "매년 100만 명"을 낳되 동시에 "약

---

41. Burleigh, *The Third Reich*, pp. 255-56.

자 70-80만 명"을 제거해야 한다고 제안했다.[42] 그 결과 나치가
"살 가치가 없는 자들"(lebensunwertes Leben)로 간주한 독일 시민을
대량으로 학살하는 악명 높은 T4 장애인 학살 프로그램이 탄생
했다.[43] 마치 전쟁을 엄폐물로 사용하려는듯이(제2차 세계대전 기간
은 1939년 9월 1일~1945년 9월 2일이다—역주), T4 장애인 학살 프로그
램(이 프로그램 지휘 본부는 베를린의 티어가르텐가 4번지[Tiergartenstraße 4]
에 있었다)은 1939년 9월에 시작해서, 비록 '공식적으로'는 1941
년 8월에 끝났다고는 하나, 실제로는 1945년 제3제국의 몰락까
지 지속됐다.[44] 나치가 이러한 도살을 1941년에 '공식적으로' 끝
내야겠다고 생각한 이유는, 사랑하는 사람들을 정신병원에 보
낸 가족들이 저들의 화장된 유골과 사망 진단서를 받게 되는 일
이 늘어나면서 프로그램이 많이 알려지기 시작했기 때문이다.
폰 갈렌(von Galen) 주교의 유명한 설교는 나치 당국자들에게 이
러한 프로그램의 끔찍한 면모를 직접적으로 내세우며 독일인들
에게 이러한 프로그램의 중지를 주장할 것을 촉구했다. 목사들
과 사제들은 교구의 신자들이 사랑했던 사람들의 장례를 점차
로 요청하면서 이를 알아차리게 됐다(본서 게르하르트 에벨링[Ger-
hard Ebeling]의 설교를 참고하라). 이 안락사 프로그램은 1940년 12월

42.　Burleigh, *The Third Reich*, p. 382.
43.　Schmitz-Berning, *Vokabular des Nationalsozialismus*, pp. 380-83.
44.　http://en.wikipedia.org/wiki/Action_T4 (2012년 5월 16일 접속).

교황 비오 12세가 "단호하게 정죄한다"고 할 만큼 널리 알려져 있었다.[45] 그러나 T4 장애인 학살 프로그램은 희생자들을 죽이기 위해 (가스보다는) 계속해서 굶기거나 치사 주사를 사용했다.[46]

나치의 유대인, 약자, 정신질환자에 대한 살해는 결코 나치가 기독교와 양립할 수 없음을 보여 준다. 그러므로 나치즘이 기독교의 미덕들을 거부한 것은 당연한 일이다. 게다가 기독교를 위한 립서비스(lip service)는 더 이상 없었다. 기독교는 사방에서 공격을 받게 됐다. 그리스도가 우리 죄를 위해 죽으신 것이기에 죄에 대한 감각이 없을 경우 그리스도는 필요치 않았다. 강력한 행동을 존중하고 세계를 자기 뜻에 굴복시키는 영웅, 십자가에 못 박힌 유대인이 아니라 게르만 영웅을 찬양하는 문화 속에서 죄와 용서는 나치에게 약함과 수동성을 나타낼 뿐이었다. 기초적인 기독교의 가르침에 대한 이러한 거부는 친위대(Schutzstaffel)의 저널(『흑군단』[Das Schwarze Korps]을 가리킨다—역주)이 독자들에게 다음과 같이 전달한 데서 명백하게 드러난다.

처음으로 구원의 필요를 만들어 낸 원죄에 대한 난해한 교리, 그리고 타락, 곧 내세의 상 또는 벌을 포함하는 교회가 제시한 표상, 그러한 죄 개념은 우리 인종에게는 견딜 수 없는 것이다.

45. Burleigh, *The Third Reich*, p. 400.
46. Burleigh, *The Third Reich*, p. 398.

그것은 우리 혈통의 세계관과 양립할 수 없다.[47]

심지어 기독교인과 유대인 사이의 심각하고 때로는 비극적인 관계의 역사도 나치즘 내에서 기독교의 위상을 향상시켜 주지 못했다. 마이클 벌리는 핵심을 다음과 같이 강하게 주장한다.

> 유대인에 대한 기독교의 양가감정을 갖든, 아니면 반감을 갖든, 어쨌거나 연민이나 겸손과 관련한 기독교의 핵심 관심사는 인종차별적이고, 잔인함과 힘을 숭배하는 정치를 파문하는 것이었다. 기독교의 이러한 '측면들'은 제거되어야 했다. 나치의 눈에, 기독교는 '외국의' 것, '순리를 따르지 않는' 것이었고, 나치가 니체(Nietzsche)에게서 가져온 표현을 빌리자면 유대인 '사후에 생겨난 독'(posthumous poison)으로 묘사된 것이었다. 왜곡된 역사의 관점으로 볼 때 기독교는 강제와 속임수를 통해 귀가 얇았던 고대 게르만인에게 부과된, 지중해 동부의 '노예 도덕'이었다. 기독교는 그렇게 고대 게르만인의 가치들과 전통들을 말살하고 '인종적' 활력을 앗아갔다.[48]

이와 같이 기독교의 미덕들에 대한 공감이 없었던 분위기에

---

47. Burleigh, *The Third Reich*, p. 259.
48. Burleigh, *The Third Reich*, p. 256.

서, 기독교의 기본적인 미덕들을 옹호하는 모든 설교는 그 자체로 나치의 존재 방식에 대한 도전이었다. 이 시기의 교회를 비판한 사람들이 이러한 단순한 사실을 간과했다는 것은 놀랍다. 신약, 특히 사도행전을 읽는 기독교인이라면 알 수 있겠지만, 악에 맞서서 그저 복음을 선포하는 것 그 자체만으로도 폭력적인 대응을 불러 일으킨다. 기독교의 가장 기본적인 진리들, 하나님은 사랑이시라는 것, 골고다에서 절정에 달하는 사랑을 우리에게 보여 준 그리스도를 닮아야 한다는 것, 일흔 번씩 일곱 번이라도 용서해 주어야 한다는 것, 하나님은 세상의 기준이 아닌 자신의 기준에 따라 우리 모두를 심판하실 것이라는 것 등은 히틀러와 그의 추종자들이 대변하는 모든 것에 근본적으로 도전했다. 나치 기독교인들이 아주 작은 판형(version)으로라도 출판할 정도로 신약에서 무언가 자신들을 지지할 만한 것을 발견했다는 사실이 오히려 놀라울 따름이다!

독일 기독인 운동

오늘날 기독교인들은 나치가 예수를 유대인 유산으로부터 끊어내려고 했던 것을 끔찍하게 생각하지만, 당시에 예수가 유대인이라는 사실이나 그의 겸손이나 미덕을 받아들이지 않고도 예수를 믿을 수 있다는 생각을 환영하고 격려했던 특정 기독교 집단이 있었다. 물론 기독교와 나치즘 사이에 진정한 타협점이 없었다는 것을 명백하게 해야겠지만, 그렇다고 해서 그 사실이 기독교와 나치즘을 혼합하여 하나의 새로운 게르만 복음을 만들려는 시도를 멈추게 하지는 못했다. 이러한 새로운 복음을 쓰려고 시도했던 이들은 스스로를 '독일 기독인'(*Deutsche Christen*)으로 불렀다. 여기서 나는 표현을 정확하게 하기 위해서 이러한 운동을 했던 구성원들을 '독일 기독인'으로 그리고 그들과 동일시될 수 없는 기독교인들을 '독일의 기독교인'(Christians in Germany) 또는 필요할 때는 '신앙고백 그리스도인'(Confessing Christians)으로 칭할 것이다.

몇몇 면들을 보면 독일 기독인 운동은 진보적이었다. 전쟁 가운데 많은 사람이 과학과 진보의 현대 세계를 살아가는 독일인들에게 기독교의 가르침이 해줄 수 있는 말은 거의 없다고 생각했기 때문에, 독일의 기독교인들은 위기에 처하게 됐다. 제1차 세계대전 이후 많은 독일의 교회가 생명을 잃었고, 의미도 없다고 생각했다. '1900년이나 지난 텍스트가 베르사유(Versailles) 조약 이후의 독일인들에게 무엇을 말해줄 수 있단 말인가?' '예루살렘이 베를린과 무슨 상관이 있는가?' '또 한 번의 새로운 종교개혁이 일어나지 않는다면 목사들마저도 성경을 덮고 떠날지도 모른다.'

이러한 배경에서 독일 기독인 운동이 시작됐다. 이 운동은 제3제국보다 3년 앞서며, 일반적으로 급진적인 독일 민족중심

주의 및 민족우월주의(*völkisch*)에 기반을 둔 '초교파 독일 제국 교회' (non-denominational German Reich Church)를 위한 활동이었다.[49] 튀링엔(Thuringia)은 이 운동의 중심지가 되었는데, 독일 기독인 의 '튀링엔 운동'은 보다 더 큰 그룹으로부터 독립되어 있었기 에 그 큰 그룹이 쇠퇴해 갈 때에도 그 규모는 커져만 갔다.[50] 이 그룹은 두 명의 젊은 목사, 지그프리트 레플러(Siegfried Leffler)와 율리우스 로이트호이저(Julius Leutheuser)의 노력으로 출발했다.[51] 레플러는 "독일을, '십자가의 휘장을 벗기고, 어떤 '폴크'(*Volk*)도 제공할 수 없었던 구원의 섬김을 세상에 제공하기 위해' 선택받 은 '유대인의 대항 폴크'(*das Gegenvolk der Juden*)로 부르는 데 아무 런 부끄러움도 없었다."[52] 이 진술은 히틀러와 독일인들이 유대 인으로부터 세상을 구하고 이를 통해 인류를 구한다는 것을 강 하게 시사했다. 이는 그리스도가 십자가에서 할 수 없었던 것이 었다. 참으로 나치에게 십자가는 수치, 약함, 굴욕의 상징이었 다. 또한 십자가는 유대인들이 이겼다는 최고의 표징이었다. 그 리스도가 실패했던 일을 이제 히틀러와 더불어 독일인들이 해

---

49. Scholder, *Churches*, p. 189.

50. Scholder, *Churches*, p. 195.

51. Scholder, *Churches*, p. 194.

52. Klaus Scholder, *Die Kirchen und das Dritte Reich, Band 1: Vorgeschichte mit und Zeit der Illusionen 1918-1934* (Frankfurt: Propyläen, 1977), p. 247.

낼 때가 왔다.

클라우스 숄더(Klaus Scholder)는 독일 기독인들의 호소를 다음과 같이 요약한다: "이러한 접근 방식에 있어서 동시대인들을 매료시켰던 것은 생각과 행동, 믿음과 실천, 교회와 정치의 일치가 명백하게 회복됐다는 점이었다. 독일 기독인은 '폴크'와 그 역사를 떠나서는 존재했던 적이 없다." 그리고 그는 다음과 같이 지적한다: 튀링엔 독일 기독인 운동은, "교회와 당의 직접적인 연결을 제공한 최초의 자발적 교회 운동이었고, 또한 이 운동의 출현은 당의 정치적 계산이 아니라 목사나 공동체의 종교적 열정으로부터 기인하는 것이었다."[53]

1932년 5월 26일, 독일 기독인은 자신들의 '실천 원칙'을 발표했다. 이 운동은 '29개 교회가 … 하나의 개신교 제국 교회'로 통합될 것을 주장했다. 이러한 새로운 연합 교회는 '바람직한 기독교에 기초한' '역동적인 폴크 교회(Volkskirche)'가 되고자 했다. 저들은 이것이 "그리스도에 대한, 그리고 루터(Luther)의 독일 정신과 영웅적 경건에 대한 참된 민족 신앙"이라고 주장했다. 저들이 기독교를 이해하는 데 있어서 인종은 역시나 본질적 요소였다. 그런 연유로 '인종 간 혼합'은 금지됐다. 그들에게 기독교 신앙은 인종을 넘어서는 것이 아니라 인종을 신성하게 만드

---

53. Scholder, *Churches*, p. 195.

는 것이었다.[54]

말하자면, 독일 기독인은 극도로 민족주의적이고 반셈족주의적 렌즈로 복음을 이해하는 기독교인들이었다. 이 독일인들은 정말로 열심히 증오와 편견의 씨앗들을 뿌리고 다녔다. 그런데 의아하게도, 히틀러는 이 운동에 그다지 호의적이지 않았다. 나치의 이념으로 기독교를 수정하는 것조차 총통에게는 너무도 기독교적이었다. 반면에 독일 기독인들은 아돌프 히틀러에게서 그리스도를 닮은 인물을 발견할 수 있음에 기뻐했다. 히틀러는 그들이 필요 없었지만, 저들은 히틀러를 원했다. 독일 기독인들은 대부분이 평신도였고, 저들은 히틀러가 집권한 직후에는 그 수가 60만 명에 이르렀다.[55]

이 독일인들은 히틀러에게서 그야말로 자신들이 기다리던 구원자를 발견했다. 저들은 다메섹으로 가는 길에 회심한 바울과 제1차 세계대전 기간의 전투 중 일시적으로 실명했던 히틀러를 암시하며, 이렇게 선언했다.

우리는 '네가 독일을 구해야 하리라'는 하나님의 부르심을 들으며 거의 눈이 멀었던 하나님이 보내신 총통을 신뢰합니다.

---

54. Peter Matheson, ed., *The Third Reich and the Christian Churches* (Grand Rapids: Eerdmans, 1981), p. 5.

55. Burleigh, *The Third Reich*, p. 257.

그리고 히틀러는 시력을 회복한 후, 우리를 1933년 1월 30일이라는 놀라운 날로 인도한 위대한 일을 시작했습니다(1933년 1월 30일은 히틀러가 수상에 임명되어 히틀러 내각이 시작된 날이다—역주).[56]

1932년 6월 6일 베를린에서 열린 한 모임에서 이 그룹은 일련의 공식 지침을 발표했다. 저들은 가장 먼저 자신들의 지침들이 교리를 대체하기 위한 것이 아니라 "삶의 방식에 대한 고백"임을 명시했다.[57] 그 지침의 4항은 나치 강령 24항과 일치했다: "우리의 관점은 바람직한 기독교의 관점이다. 우리 자신은 루터의 독일 정신 및 영웅적 경건과 일치를 이루며 그리스도에 대한 확고한 믿음을 선언한다."[58] 7항은 명백하게 인종차별적, 민족주의적 사상을 수용한다: "우리는 인종, '폴크'의 고유함(Volkstum), 국가 안에서 하나님이 우리에게 부여하고 맡기신 삶의 질서를 본다. … 그러므로 인종의 혼합은 거부되어야 한다."[59] 기타 지침들도 공산주의자들과 유대인에 대한 독일 기독인의 혐오를 분명하게 드러내고 있으며, 심지어 9항에서는 독일인과 유대인 간의 결혼을 금지하기까지 한다.[60] 따라서 독일 기독인은 나치

---

56. Conway, *Persecution*, pp. 11-12.

57. Scholder, *Churches*, p. 207.

58. Scholder, *Churches*, p. 208.

59. Röhm and Thierfelder, *Kreuz*, p. 25.

60. Scholder, *Churches*, p. 209.

의 세계관에 맞추어 신앙의 교리들을 재정립했다: 아리아인 예수, 구약 없는 성경(적어도 구약은 정경에 포함될 수 없다), 유대인 바울과 바울 서신의 제거, 독일인들에게 나치와 같은 방식으로 유대인과 싸운 게르만 민족의 그리스도(Germanic Christ)를 제시함으로써 변질시킨 신약(New Testament) 등등. 독일 기독인들은 나치와 어깨를 나란히 했으며, 독일의 새로운 현실에 맞추어 그리스도에 대한 신앙을 자유롭게 해석하면서 그리스도에 대한 신앙과 히틀러에 대한 신앙 사이에 모순이 없다고 보았다.

그러나 궁극적으로 독일 기독인들이 기독교를 나치즘과 짝 지으려는 시도는 실패했고 심지어 히틀러에게도 아무런 인상을 남기지 못했다. 저들이 아무리 노력해도, 그 둘은 어울리지 않았다. 저들의 사유 중 많은 부분이 여전히 유통되고 있었지만, 히틀러나 다른 사람들이 그러한 물 탄 기독교를 지지하는 데 신경 쓸 겨를이 없었기에, 이 운동은 그 자체로 실패했다. 그 악명 높은 1933년 11월 13일 베를린 실내 경기장(Berliner Sportpalast) 집회(이 집회에서 많은 군중이 반셈족주의 사상에 대하여 열광적으로 환호했다) 후 독일 기독인의 영향력은 약해졌다. 그날 선포된 복음의 급진적 개정들은 독일의 많은 기독교인들을 공포로 몰아넣었다. 1935년 레겐스부르크(Regensburg)에서 독일 기독인 모임들이 게슈타포(Gestapo)에 의해 금지됐고[61] 1938년에 이르러 그 운동은 사실상 죽음을 맞이했다. 애초부터 대다수의 나치와 나치 지도부가 이러한 운동을 지지한 적이 없었으므로, 독일 기독인 운동이 망하는 것에 대해 슬퍼하는 나치도 거의 없었다. 독일 기독인들이 무대에서 사라지자, 나치즘은 그야말로 "순전한 나치 이데올로기"가 됐다.[62]

1933년 루터 탄생 450주년 기념일

많은 개신교인에게 제3제국의 도래는 마르틴 루터(Martin Luther)가 시작했던 종교개혁의 완성처럼 보였다. 그렇기에 나치와 민족주의적 개신교인들이 1933년 루터 탄생 450주년을 국가쇄신과 재헌정의 날로 만들고자 했던 것이 그리 놀라운 일이 아니다. 많은 사람에게 이 독일 종교개혁 지도자의 특별한 탄생 기념일은 히틀러 제국의 원년에 일어났어야 할 섭리로 보였다. 그날을 담은 한 사진에 10명의 나치 돌격대가 베를린의 루터 동상을 지키고 서 있는데, 거기에는 다음과 같은 해설이 있다: "나치 돌격대가 베를린의 루터 기념비 앞에 서 있다."[63] 11월 독일 전역에서 이루어지는 축하 행사들은 새로운 제국이 루터의 종

61. Conway, *Persecution*, p. 58.
62. Conway, *Persecution*, p. 56.
63. Röhm and Thierfelder, *Kreuz*, p. 39.

교개혁의 완성을 가져온다는 것을 분명히 했다. 윌리엄 샤이러 (William Shirer)는 제3제국에 대한 자신의 작품에서 우리들에게 다음과 같은 사실을 상기시켜준다. 곧, 다음 두 가지를 모르는 사람은 나치 초기의 대다수 독일 개신교인의 행동을 이해하기 어렵다. "하나는 그들의 역사이며, 또 다른 하나는 마르틴 루터의 영향이다."[64]

루터는 단순히 종교적 인물이 아니었다. 그는 독일의 영웅이었다. 그의 영웅적 면모와 게르만적 특성들은 히틀러와 나치가 그토록 열망하던 것이었다. 히틀러는 역사 속에서 위대한 비전과 정치적 현실을 결합시킨 3대 위인으로, 마르틴 루터, 프리드리히 대왕(Frederick the Great), 리햐르트 바그너(Richard Wagner)를 꼽았다. 이것이 히틀러가 품고 있었던 위대한 인물상이며, 스스로는 선택받은 집단의 일원으로 여겨지는 것을 기뻐했다.[65]

루터의 여러 반유대주의적인 발언들과 더불어 친나치 성향의 기독교인들이 종종 몇 번이고 반복해서 사용했던 인용문이 있었다. 그것은 라틴어로 된 문장, '게르마니스 메이스 나투스 숨, 퀴부스 에트 세르비암'(*Germanis meis natus sum, quibus et serviam*)인

---

64. William L. Shirer, *The Rise and Fall of the Third Reich* (New York: Simon and Schuster, 1960), p. 236.

65. Ian Kehrshaw, *Hitler, 1889-1936: Hubris* (New York: Norton, 1998), pp. 251-52.

데, 다소 느슨하게 번역해 보자면 다음과 같다: "나는 내가 섬기고자 하는 그들, 내가 사랑하는 독일인들을 위해 태어났습니다."[66] 즉, 나치는 루터를 그리스도나 교회의 종이 아니라, 게르만 인종과 '폴크'의 종(servant)으로 보았다. 루터와 히틀러를 연결하는 발언들은 나치 독일에서 꽤나 받아들여졌고, 이는 개신교인들로 하여금 새로운 제국에서 편안함을 느끼게 했으며, 나치를 명예로운 독일 전통에 호소할 수 있게 했다.

1933년 친나치 성향의 한 기독교인 회의에서, 국가사회주의와 독일 기독교의 양립가능성을 서술하는 일곱 가지 원칙을 선언하는 '렝스도르프 논제'(Rengsdorfer Theses)가 작성됐다. 그것의 네 번째 논제는 다음과 같다: "우리 독일 사람들에게 종교개혁은 복음을 우리 '폴크의 특성'(Volkscharakter)에 맞추어 접할 수 있게 해주었다. 역사는 이러한 게르만 인종의 복음 선포가 적절한 것임을 확인시켜준다."[67]

당연히 결코 모든 개신교인이 루터에 관한 이러한 견해를 따랐던 것은 아니다. 렝스도르프 논제가 실렸던 동일한 출판물에서 카를 바르트(Karl Barth)는 거기에 반박하는 일곱 개의 논제

---

66. Scholder, *Churches*, p. 545.

67. Kurt Dietrich Schmidt, ed., *Die Bekenntnisse und grundsätzlichen Äußerungen zur Kirchenfrage des Jahres 1933* (Göttingen: Vandenhoeck & Ruprecht, 1934), p. 91.

를 작성했다. 앞의 인용문에 대한 반제는 다음과 같다: "하나님의 말씀에 기초한 교회의 쇄신으로서의 종교개혁은 독일 사람들의 특성이 아니라, 하나님의 섭리의 지혜와 뜻에 맞추어 독일 사람들로 하여금 복음을 접근할 수 있게 해준 것이다. 그것은 게르만 인종뿐 아니라 모든 인종에 적절할 수도 있고 부적절할 수도 있다. 종교개혁을 특히나 오늘날의 독일의 문제로만 취급하는 것은 종교개혁을 프로파간다로 해석하는 사람이며, 스스로를 복음적인 교회 밖에 두는 자다."[68] 이와 유사하게 디트리히 본회퍼(Dietrich Bonhoeffer)와 헤르만 자세(Hermann Sasse) 등은 같은 해에 베델 신앙고백(Bethel Confession)을 작성했다.[69] 종교개혁을 다루는 부분에서 그들도 바르트와 유사하게 나치의 루터 읽기가 과도하게 엇나갔음을 지적했다.

> 마르틴 루터는 종교개혁의 교회를 위한 예수 그리스도의 은혜에 대한 충성스러운 증인이다. 그런 점에서 루터는 독일인을 위한 '예언자'요 '복음전도자'다. 그러나 그의 행동들을 게르만 정신의 약진(breakthrough)으로, 자유에 대한 현대적인 감각의 기원으로, 새로운 종교의 설립으로 해석하는 것은 그의 사역

---

68. Schmidt, *Bekenntnisse*, p. 92.

69. Ferdinand Schlingensiepen, *Dietrich Bonhoeffer, 1906-1945: Eine Biographie* (Munich: C. H. Beck, 2006), p. 180.

을 완전히 오해한 것이다. 그는 선포된 말씀 없이 자기 마음대로 준비한 것에 기초하여 하나님께 인정받기를 원하는 사람의 광신을 폭로했다는 점에서 현대의 종교성과 싸웠다. 또한 그는 인간의 이성과 자유에 대한 맹목적 신뢰가 무분별한 것임을 가르쳤다는 점에서 현대의 자기 과신에 대한 열망과 맞서 싸웠다.[70]

루터의 경우와 마찬가지로 전통적 기독교 신앙과 가르침의 거의 모든 측면을 두고서 기독교가 제3제국 초기 독일 역사에서 어떻게 적용되어야 하는지에 관한 치열한 싸움이 있었다. 과연 독일의 기독교인들은 히틀러를 하나님의 뜻의 표현으로 고백할 수 있고 또 해야 하는가, 아니면 고대의 신앙고백들을 고수하며 히틀러를 악의 현현으로 보아야 하는가?

---

70. Schmidt, *Bekenntnisse*, pp. 107-8. 베델 신앙고백에는 두 가지 판본이 있다. 하나는 8월 본회퍼가 작성에 기여한 것이고, 다른 하나는 최종판으로 11월 마르틴 니묄러(Martin Niemöller)가 출판했다. 본회퍼는 두 번째 판이 너무 미약하다고 판단하여 서명하지 않았다(Geffrey B. Kelly and F. Burton Nelson, eds., *A Testament to Freedom: The Essential Writings of Dietrich Bonhoeffer* [San Francisco: HarperCollins, 1995], p. 544). 그러나 루터와 관련해서는 두 판본에 차이가 없다. (http://www.lutheranwiki.org/Bethel _Confession; 2012년 8월 23일 접속).

그리스도를 고백한다는 것

렝스도르프 논제에 대한 바르트의 반박과 베델 신앙고백이 보여 주듯이, 나치즘의 기독교에 대한 왜곡을 경고하는 반대의 목소리가 나오기 시작했다. 왜곡된 기독교에 대한 정통의 반응은 성격상 정치적이라기보다는 신앙고백적인 것이어야 했다. 그러나 나치 독일에서, 우리가 바람직한 기독교 항목에서 살폈듯, 신학과 정치는 결코 떼려야 뗄 수 없는 것이었고, 또한 정치는 신앙 문제에 재빠르게 개입하기 시작했다.

1933년 3월 24일, 나치 의회는 '전권 위임법'을 통과시켰다. 이 법은 입헌 정치를 끝냈다. 새 규정들은 일상 생활에 대한 나치의 통제를 강화시켰는데, 히틀러 제국의 남은 기간 동안 히틀러에게는 헌법적 반대가 없었고 독일인에게는 헌법적 보호가 없었다. 독일은 '법치 국가'에서 '테러 국가'가 됐다.[71]

그날 이후로 모든 새로운 법은 새로운 질서에 순응하고 그 결과를 감수하도록 대중에게 압력을 가했다. 물론 독일 유대인들은 법적 조치로 인해 '특별 취급'을 받으며 점점 더 대중으로부터 혐오를 받았고 또한 격리됐다. 그들은 비좁은 가축 운반차에 실려 강제수용소로 이송되어, 거기서 가스실에 갇히거나 죽을 때까지 일해야 하는 비인간적인 대우를 받았다. 1933년 1월

---

71. Burleigh, *The Third Reich*, pp. 154-55.

에 시작된 것이 그렇게 꾸준히 지옥으로 추락하게 될 것을 예상한 사람은 거의 없었다. 마이클 벌리는 1937년에 나치 독일에서 살아가는 것을, 마치 옛 다리는 사라지고 있으며 아주 작은 부분 하나하나까지도 완전히 새롭게 재건되고 있다는 것을 모르고 기차에 탄 승객에 비유하며 국가사회주의를 비평한 어느 에세이를 요약한다. 오로지 기차를 타고 매일 다리를 건너는 관찰력이 뛰어난 승객만이 다리가 완전히 변해버렸다는 것을 알아차릴 수 있다는 말이다.[72] 제3제국의 처음 2년 동안, 국가사회주의자들은 독일을 민주 사회에서 테러 국가로 서서히 변화시켜 갔다.

그러나 비록 대다수 독일인이 급진적인 변화를 알아차리거나 반대하는 데 실패했지만, 몇몇 기독교인들은 이를 알아차리고 반대했다. 이러한 불복은 곧 고백 교회의 것으로 알려지게 된다. 전통적인 기독교 신앙을 고백하는 목사들은 교회 생활에 대한 나치의 간섭과 교회를 통제하려는 국가적 시도에 반대하는 목소리를 내기 시작했다. 고백 교회와 그러한 관점을 갖고서 설교하는 목사들을 이해하기 위해서, 히틀러 정부의 처음 2년 동안의 교회 정치에 관한 몇몇 내용을 이야기할 필요가 있다.

히틀러가 1933년 1월에 수상이 되었을 때, 개신교 교회는 주

---

72. Burleigh, *The Third Reich*, p. 252.

㈜교회(*Landeskirche*)로 불리는 지역 그룹들로 조직되어 있었다. 1934년에는 22개의 주교회가 있었다. 13개는 루터교, 2개는 개혁파, 7개는 연합 교회였고, 개중에 가장 큰 교회는 8개의 지역을 관할하는 구프러시아연합개신교회였다.[73] 개신교나 로마 가톨릭을 위한 독일의 교회 조직은 하나도 없었는데, 이러한 지역 교회들의 독립성은 나치에게 거슬렸다. 나치즘의 특징 중 하나는 독일 내의 모든 기관을, 모든 길이 궁극적으로 히틀러를 따라야 한다는 것을 구조적으로 분명하게 만드는 방식으로 나치 이데올로기에 맞추는 것이었다. 그러한 일치를 이른바 '글라이히샬퉁'(*Gleichschaltung*)이라 했는데, 이는 '동질화'라는 의미를 갖는다. 독일어 단어 '글라이히'(*gleich*)는 '동등한' 혹은 '같은'을 의미한다는 것을 떠올린다면 우리는 이 단어의 근원적 의미를 이해할 수 있다. 따라서 '글라이히샬퉁'은 모든 사람과 모든 기관이 나치의 방향과 관점을 표현해야만 한다는 것을 의미했다. 이러한 방식으로 제3제국 내의 모든 사람과 모든 것이 나치의 원칙에 순응하거나 아니면 파괴되어야 했다.

나치 지배의 첫해는 독일 사회를 나치즘에 맞추는 데 전념했다. 모든 각 독일인이 자신의 사고를 나치 이데올로기에 맞추는 것이 이상적인 계획이었다. 이는 '내적 글라이히샬퉁'으로

---

73. Röhm and Thierfelder, *Kreuz*, pp. 28-29.

불렸다. 나치는 사람들이 지도자(히틀러—역주)가 바라는 것들에 저들의 사상, 관점, 신념, 행동을 열정적이고 자발적으로 맞추도록 일했다. 만약 어떤 이유에서든 어떤 독일인이 그러한 것을 하지 못하면, 그들에게는 '외적 글라이히샬퉁'이 가해져야 했다. 후자는 경멸적이었으며, 또한 제3제국 내의 모든 사람과 모든 것이 히틀러의 원칙을 반영하게 하는 정치적 행동과 가혹한 법률의 통과를 요구했다.[74] 프로파간다가 '내적 글라이히샬퉁'을 성취하려는 것이었다면, 공포는 '외적 글라이히샬퉁'을 가능하게 만들려는 노력이었다. 내적이고 자발적인 것이든 혹은 외적이고 강요된 것이든, '글라이히샬퉁'은 나치 독일의 모든 남자, 여자, 어린이, 기관이 나치가 기대하는 바에 맞추어 살아가야 한다는 것을 의미했다.

나치 의회가 독일의 여러 지역에서 모든 정치 권력이 새로운 정부의 '바람과 방향'에 따르도록 요구하는 두 개의 법을 통과시켰을 때, '글라이히샬퉁'은 합법성이라는 베일을 쓰게 됐다. 첫 번째 법은 1933년 3월 31일에, 두 번째 법은 1933년 4월 7일에 통과됐다.[75] '글라이히샬퉁'에 대한 가장 간결한 설명은 1933년 여름 괴벨스가 한 말일 듯하다.

---

74. Schmitz-Berning, *Vokabular des Nationalsozialismus*, p. 277.
75. Schmitz-Berning, *Vokabular des Nationalsozialismus*, p. 278.

요즘 종종 오해되는 단어, '글라이히샬퉁'이 의미하는 바는 국
가와 모든 정당, 모든 이익 집단, 모든 협회가 하나의 거대한
전체로서 뿌리부터 재조직된다는 것 외에 다른 것이 아니다.
이는 언젠가 하나의 정당, 하나의 신념, 하나의 '폴크'로 존재
할 전체주의 국가에 필요한 단계다. 다른 모든 권력이나 세력
은 이 국가에 굴복하거나, 그렇지 않다면 자비 없이 밀려나게
될 것이다.[76]

  독일의 개신교회들은 이러한 정치적 조정을 요구받았다. 확
실히 여러 지역에 흩어져 있는 교회들보다 나치 기독교인이 이
끄는 단일한 제국 교회가 이러한 일치를 더 쉽게 달성할 수 있
었을 것이다. 자발적인 재조정이 필요하긴 했지만, 지도자들이
나치의 세계관 안에서 정치적으로 올바른 한, 히틀러는 하나의
통일된 제국 교회에 대한 '독일 기독인'의 사상을 따랐다.[77] 히틀
러는 독일 기독인 운동의 주역 중 하나였던 루트비히 뮐러(Lud-
wig Müller)가 이상적인 제국의 주교가 되어야 하며, 독일 개신교
회들을 재조직하기 위한 계획은 "그 탄생 방식에 있어서는 논
쟁의 여지가 없어야 하고, 교회 지도자들에게 불쾌감을 주지 않

---

76. Schmitz-Berning, *Vokabular des Nationalsozialismus*, p. 278, 번역은 저
   자의 것.

77. Conway, *Persecution*, p. 34.

아야 하며, 외신의 달갑지 않은 논평을 받지 않아야 한다"는 것으로부터 시작할 수 있다는 것에, "그리고 무엇보다도 교회의 지도자들은 나치당의 정치적 리더십을 수용하고 그에 따라 자신들의 업무를 규제할 준비가 되어 있어야 한다"는 것에 동의했다.[78]

히틀러는 한편으로는 초기에 새 정권을 곤란하게 만들 수도 있는 불리한 언론을 원치 않았고, 또 다른 한편으로는 통제권이 확실히 나치의 손안에 있을 수 있음을 분명히 보여 주었다. 독일인이 새 정부를 두 팔 벌려 환영한다는 히틀러의 프로파간다는 국제적인 이목을 벗어남으로써 신빙성을 얻었다.

'교회 투쟁'(*Kirchenkampf*)으로 알려지게 된 것은 대부분이 교회 지도력과 기독교인의 삶에 미친 나치의 영향에 대한 투쟁 또는 싸움이었다. 개신교인들을 독일 기독인의 통제하에 두려는 이러한 강제적인 시도는 구조와 교리에 대한 갈등으로 이어졌다. 교회가 바람직하지 않은 일로 주목을 받게 하지 말라는 히틀러의 요구가 비현실적이라는 것은 금세 명백해졌다.[79] 독일 기독인들은 진짜 총통에게 의심할 여지없이 충성을 다하는 작은 총통(즉, 제국 교회 주교) 아래 새로운 하나의 나치 제국 교회 속에서 기꺼이 연합하고자 했다. 하지만 신앙고백 그리스도인들

78. Conway, *Persecution*, p. 35.

79. Conway, *Persecution*, p. 35.

은 이러한 새로운 생각에 동의하기를 꺼려했다. 아돌프 히틀러보다 예수 그리스도를 우선한 신앙고백 그리스도인들은 나치즘의 새 시대가 도래하기 훨씬 이전부터 독일 내의 기독교 사상을 형성했던 역사적·신학적 신앙고백들과 교리들을 중심으로 결집했다. 처음에 그들은 새로운 교회 조직에 반대하지는 않았고, 1933년 5월에 있었던 선거에서는 자신들의 제국 교회 주교 후보인 프리드리히 폰 보델슈빙(Friedrich von Bodelschwingh)이 실제로 당선되기도 했다.

선거는 원했지만 바람직하지 않은 결과를 원하지는 않았던 히틀러는 분노했고, 당선인과의 만남도 거부했다.[80] 그리고 선거 결과를 뒤집고 뮐러를 제국 교회 주교로 선언할 것을 요구하는 독일 기독인들은 경찰들과 손을 잡고 교회 지도자들을 무너뜨리기 시작했다. 결국 보델슈빙은 사임했고, 뮐러는 스스로를 새로운 주교로 선언했다. 친나치 교회 헌법이 승인되었고, 새로운 교회 선거가 1933년 7월에 치러지게 됐다.[81] 게슈타포, 언론, 경찰을 포함한 정부의 전폭적인 지원과 히틀러의 막바지 전국 라디오 연설의 영향으로 인해, 독일 기독인들이 이 선거에서 이겼고, 뮐러가 결국 새로운 제국 교회 주교가 됐다.[82]

---

80. Conway, *Persecution*, p. 35.
81. Conway, *Persecution*, pp. 38-42.
82. Conway, *Persecution*, pp. 38-44.

목회자 비상 동맹

다소 초기인 1933년 4월 7일, 나치 의회는 아리아인 조항으로 알려지게 된 법안을 통과시켰다. 이는 아리아인이 아닌 사람이 관료적 지위에서 일하는 것은 불법이라고 정한 법이었다. "인종적으로 순수하지 않은" 모든 공무원은 더 이상 공공 부문에서 일할 수 없었다.[83] 독일 기독인을 포함한 많은 사람에게 이 법안의 '정신'은 '문자'만큼이나 중요했다. 그래서 1933년 9월 '갈색 총회'(Brown Synod: 갈색은 나치즘의 색이다)에서 독일 기독인들은, 구프러시아연합교회들이 아리아인 조항을 적용할 것을 요구했다.[84] 즉, 기독교의 복음이 아니라 나치의 인종차별적인 법률이 독일에서 복음을 설교할 수 있는 사람과 없는 사람을 결정하게 된 것이다. 유대인 기독교 목사는 이러한 정부 규제로 인해 자신의 강단에서 물러나야 했다. 기독교의 세례가 신자들을 유대인이나 이방인이나 구별이 없는 그리스도의 몸으로 통합시켰다는 것은 더 이상 사실이 아닌 것이 됐다.

9월에 마르틴 니묄러(Martin Niemöller)는 목회자 비상 동맹을 설립했고, 1933년 9월 27일 비텐베르크(Wittenberg)의 전국 교회 총회에서 첫 번째 공식 시위가 있었다. 그리고 성명서를 통해

---

83. Schmitz-Berning, *Vokabular des Nationalsozialismus*, p. 60.

84. Röhm and Thierfelder, *Kreuz*, p. 154.

약 2천 명에 달하는 이 동맹의 목회자 회원들은 아리아인 조항
에 항의했다. 그 회원들 중에는 디트리히 본회퍼도 있었다. 놀
랍게도 이 동맹에 가입하게 된 목회자들의 수는 약 7천 명에 달
했고, 증오와 박해에도 불구하고 목회자 비상 동맹은 제3제국
전체에 걸쳐 존재했다.[85] 이러한 성격을 지닌 다른 여느 그룹과
마찬가지로 국가의 전체주의적 주장들에 대한 회원들의 저항은
다양했다. 대부분의 회원들은 급진적 반대와 타협 사이 어딘가
에 있었다.

　기독교인들이 유대 기독교인들을 성직으로부터 배제시켜
야 한다고 믿게 만든 당시 독일에 존재했던 사고의 한 실례는
1933년 9월 25일자 마르부르크(Marburg) 대학교 신학부의 보고
서다. 독일 대학 교수 집단에게서 예상할 수 있는 것처럼 그 보
고서는 모든 면에서 상세했다. 그런데 결론은 놀랍게도 나치편
에 서 있었다. 예를 들어, 그 보고서는 그리스도 안에는 더 이상
유대인도 헬라인도 없다는 신약의 선언을 인용하며, 이는 생물
학적·사회적 차이와는 상관없는 영적 선언이라고 주장했다.[86]
독일 개신교회들과 로마 가톨릭 사이의 차이점을 지적한 그 위
원회는 종교개혁은 복음의 보편성뿐 아니라 복음의 '역사적이
며 민족적/인종적'(historisch-völkisch) 측면도 강조했다고 진술했다.

---

85. Röhm and Thierfelder, *Kreuz*, p. 48.

86. Schmidt, *Bekenntnisse*, p. 185.

이는 기독교인들이 유대인 기독교인들을 어떻게 대해야 하는지를 결정해야 할 때, 복음의 보편적 성격을 고려하기보다 나치 독일의 게르만적·민족적·인종적 주제를 강조할 수 있다는 것을 의미했다. 교회는 보편적이거나 환대하기보다, 게르만적이고, 민족적이고, 인종차별적이었다. 따라서 기독교적 메시지가 아닌 종교개혁의 게르만적 성격이 유대인 기독교인들을 교회의 공직으로부터 추방하는 데 결정적인 요소가 됐다. 더 나아가 그것은 "오늘날의 독일 '폴크'가 자기들 사이에 있는 유대인들을 그 어느 때보다 외국인으로 인식한다"는 것을 의미했다. 독일의 교회는 민족적이고 인종적으로 순수한 교회(*Volkskirche*)가 되어야 했으며, 이러한 연유로 유대인 기독교인들은 교회에서 물러나야 했다.[87]

　하지만 마르부르크 신학자들의 에세이가 출판된 동일한 신학적 성찰 모음집에서, 바로 그 마르부르크의 루돌프 불트만(Rudolf Bultmann)을 포함한 독일 전역의 목회자들과 신학자 그룹은 '신약과 인종 문제'(Neues Testament und Rassenfrage)라는 제목을 가진 성명서에 서명했다. 그들은 인종의 구성이라는 것이 신약에서는 낯선 것이었으므로 인종 문제에 대하여 신약은 아무런 답을 주지 않는다는 것을 지적하며 '유대인과 헬라인' 혹은 '유

---

87. Schmidt, *Bekenntnisse*, p. 185.

대인과 이방인'과 같은 대조는 하나님이 유대 '폴크'를 선택한 것에 기인한다고 선언했다. 그리고 사실상 하나님이 보시기에 '유대인이나 이방인'은 모두 죄인이었다. 그러므로 "유대인과 이방인을 인종 집단 간의 대조로 보는 것은 그리스도 안에 있는 하나님의 구원 행위에 비추어 볼 때 부적절한 것으로 드러난다."[88] 따라서 신앙 공동체의 모든 신자 간의 완벽한 평등이 기독교의 세례에서 전제되고 있었다. 즉, 교회 직분이 민족적-인종적 고려에 의해서 통제될 수 있다는 생각은 교회와는 아무 상관이 없었다.[89] 교회는 동일한 신앙에 이르러 함께 세례받은 유대인과 이방인으로 구성되어 있기에, 그 신학자들은 기독교의 교회는 신약의 정체성으로부터 분리될 수 없다고 결론지었다. 교회는 오로지 신약 성경에 기초하여 세워졌다.

   양측의 차이는 컸다. 나치에 동조하는 기독교인들에게 교회는 주로 독일적, 민족주의적인 것이었고, 다른 기독교인들에게는 그리스도만이 기독교의 알파요 오메가였다. 신자들의 공동체를 정의했던 것은, 역사, 인종, 민족성이 아닌 바로 신약 성경이었다.

---

88. Schmidt, *Bekenntnisse*, p. 189.

89. Schmidt, *Bekenntnisse*, p. 190.

카를 바르트의 참여

목회자 비상 동맹의 창설과 더불어 한 젊은 스위스 교수이자 신학자가 이 대화에 영향을 미치기 시작했다. 1930년에 카를 바르트가 본(Bonn) 대학교에서 가르치기 시작했고, 얼마 지나지 않아 그는 기독교인들에게 '독일 기독인들'에 대한 급진적 반대를 촉구했다. 하지만 바르트가 본에 도착하기도 전부터 이미 그의 로마서 주석이 큰 파문을 일으킨 상태였다. 이 책의 초판은 1919년에 나왔고, 1921년에서 1932년에 이르기까지 확장판들이 나왔다. 바르트는 로마서를 읽어나가며 독자들이 그 편지를 지금 직접 말씀하시는 하나님의 말씀으로 읽도록 도전했다. 더 이상 로마서는 과거의 유물이 아니었고, 그 메시지는 그 시대에만 의미있는 역사적 관심사 그 이상이었다.

하인츠 차른트(Heinz Zahrnt)는 바르트의 주석에 대한 길고 호의적인 논의를 포함한 자신의 20세기 개신교 신학사에 관한 서적에서, 바르트의 로마서 주석을 "대폭발"이라고 부르며 "바르트가 로마서 본문을 '하나님은 하나님이시다'라는 단일한 명제로 다룬다"고 평했다.[90] 바르트에게 세속사는 웅장한 사건들이의 "이상화된 범신론적" 과정도, 심지어 "자연주의적" 혹은 "유

---

90. Heinz Zahrnt, *Die Sache mit Gott: Die protestantische Theologie im 20. Jahrhundert*, 3rd ed. (Munich: Piper, 1996), p. 23.

물론적" 세력들에 대한 기록도 아니었다.[91] 짧게 말하자면, 인간
사에는 자랑할 것이 없다. 특히 최근 유럽의 제1차 세계대전을
보아도 인간사는 인간의 성취나 진보에 대해 찬양할 것이 없었
다. 따라서 차른트가 표현했듯, 바르트는 "19세기 신학을 완전
히 뒤집어 놓아", "아래에서 위로가 아니라 위에서 아래로" 내
려오게 했다.[92] 인간, 혹은 인간의 성취나 승리로 시작하여 하나
님에게 도달하는 것이 아니라, 반대로 하나님이 계시로 우리에
게 도달하신다. 여기서 우리는 히틀러로 시작하여 하나님에게
로 오르려는 친나치 신학에 대한 바르트의 반대를 예측할 수 있
다. 바르트에게 있어서 "하나님은 신학의 모든 주어이자 모든
술어다."[93] 성경을 하나님의 거룩한 말씀이 아니라, 고대 역사
속 흥미로운 실례 정도로 보도록 훈련을 받은 사람에게 신정통
주의는 그야말로 급진적으로 들렸다.

바르트의 해석에 따르면 독자가 성경 본문을 통제하는 것이
아니라 성경 본문이 독자를 판단한다. 그래서 독일 기독인들이
성경에 히틀러와 인종 혐오를 삽입하거나 혹은 바울을 제거하
고 예수의 유대인 정체성을 강탈했을 때, 바르트는 성경의 권위
에 대한 뜨거운 존중을 갖고서 그에 대하여 반대할 준비가 되어

---

91. Zahrnt, *Sache*, p. 26.

92. Zahrnt, *Sache*, p. 9.

93. Zahrnt, *Sache*, p. 39.

있었다. 19세기 자유주의 신학은 성경의 기초들을 약화시켰
고,[94] 독일 기독인들은 단순히 이러한 인간 중심적인 해석의 이
점을 이용했을 뿐이었다. 바르트의 주석은 이러한 접근 방식을
정죄하며 견고한 성경의 기초를 재건하려고 한다. 로마서에 대
한 바르트의 신정통주의적 해석은 국가나 지도자 등 인간적 양
태 안에 있는 자기 숭배라는 우상 숭배에 대하여 반복적으로 망
치질을 한다. 인간의 욕망과 하나님을 어려움 없이 연결시키는
것은 하나님을 욕보이는 것이자 첫 번째 계명을 어기는 신성 모
독이다. 바르트는 이렇게 썼다: "인간의 왕국은 결코 하나님 나
라가 아니다"(*Menschenreich ist nie Gottesreich*).[95] 인간과 하나님 사이
의 격차는 우리가 보기에 너무나도 크다. 따라서 오직 하나님만
이 자신의 계시와 자신의 말씀으로 그 사이를 건너신다. 그렇기
때문에 지도자, 국가, 조국, 인종을 하나님과 동일시하려는 모든
인간의 노력은 언제나 '전혀 하나님이 아닌 것'에 대한 예배라
는 결과를 낳는다.[96] 바르트는 자신의 독자들에게 하나님이 결
코 (독일) 역사의 신이 아니라는 것을 단호하게 상기시킨다.

　　이와 같은 신정통주의의 해석 방식의 요청은 바르트가

---

94. Alan Richardson, ed., *A Dictionary of Christian Theology* (Philadelphia: Westminster, 1969), pp. 191-94.

95. Karl Barth, *The Epistle to the Romans*, trans. Edwyn C. Hoskyns (New York: Oxford University Press, 1968), p. 56.

96. Barth, *Epistle to the Romans*, pp. 50-51.

1932-33년에 행한 설교학 강의들의 특징이었다. 약 110명의 학생이 그의 강의를 듣기 위해 등록을 했으며, 한 학생에 의하면, 대학 내에서의 바르트의 설교와 더불어 그 강의들은 "우리 세대의 많은 설교자에게 강한 영향"을 미쳤다.[97] 이러한 이유로 나는 이 강의들을 어느 정도 다루는 것이 유익하리라 생각한다.[98]

바르트는 미래의 독일 설교자들에게 성경 본문을 진지하게 받아들이고 거기에 복종할 것(그 반대가 아니라)을 요구했다. 주해를 통해 본문에 집중하는 목사들은 문화를 상대할 대안적 언설을 제시할 수 있을 것이다.

바르트는 자신의 강의를 통해 바르트 전통에 서 있는 설교자들에게는 성경 본문이 최고의 자리를 차지하고 있음을 분명히 보여 준다. 일간 신문의 엄청난 정치적 격변이나 헤드라인도 성경 본문을 설교의 중심 자리에서 끌어내릴 수 없다. 바르트는 강의를 하면서, 타이타닉호가 침몰했을 때, 본문에서 벗어나 '타이타닉호'를 설교하거나 혹은 제1차 세계대전이 발발했을 때, 자신이 설교 중에 그것을 설교로 들여온 적이 있었음을 말

---

97. Hartmut Genest, *Karl Barth und die Predigt: Darstellung und Deutung von Predigtwerk und Predigtlehre Karl Barths* (Neukirchen-Vluyn: Neukirchener, 1995), p. 137.

98. 이 강의들은 영어로도 읽을 수 있다. Karl Barth, *Homiletics*, trans. Geoffrey W. Bromiley and Donald E. Daniels (Louisville: Westminster/ John Knox, 1991).

했다. 그때 바르트의 회중 중 한 여인은 그에게 누구나 신문에서 읽을 수 있는 것 말고 다른 것을 이야기해 달라고 요청했다. 바르트에게 이러한 일들은 설교자가 자신을 '시대에 맞추려고'(à jour) 할 때 저지르는 실수들이었다. 설교자가 자기 설교를 시의적절하게 만들기 위해 매일 일어나는 사건을 가져올 필요는 없다.[99] 그러나 본문이 설교를 지배하고 있다면, 해석과 관련 있을 수 있는 사건들을 언급하는 것도 적절할 수 있다.[100] 이 말은, 설교자가 성경 본문을 충실히 그리고 거기에 순종하는 마음으로 해석한다면, 그 설교자는 과감하게 '시민으로서의 용기'(Zivilcourage)를 요구할 정도로 위험한 말을 할 각오를 가져야 할 수도 있다는 뜻이다.[101] 이는 모든 신실한 설교가 감당해야 할 위험 부담이다. 논쟁을 불러일으키거나 정치적 의도가 없는 설교자라 할지라도 성령은 성경을 신실하게 듣고 그것을 선포하는 설교자를 그렇게 만들 수 있다. 본서 후반부에 있는, 바르트를 비롯한 다른 이들의 설교가 이러한 해석 방법을 잘 보여 준다.

그러나 바르트는 자신의 견해를 강의실에서의 설교에만 제

---

99. Karl Barth, *Homiletik: Wesen und Vorbereitung der Predigt* (Zurich: TVZ, 1966), p. 98.

100. Barth, *Homiletik*, p. 94.

101. Barth, *Homiletik*, p. 95.

한하지 않았다. 1933년 교회 선거로 인해 혼란한 가운데 바르트는 신학 저널을 창간했다. 그는 매달 발행되는 그 저널을 통해 교회 투쟁에 대한 신정통주의의 목소리를 더할 수 있었다. 〈오늘날의 신학 실존〉(*Theologische Existenz heute*)의 창간일은 1933년 6월 25일이었으며 순식간에 3만 부가 판매됐다.[102] 이 저널의 타이틀은 바르트가 설교자와 교사의 역할을 얼마나 진지하게 생각하고 있는지 반영하고 있다. 즉, 당대의 질문은, "'교회의 설교자들과 교사들이' 어제나 내일이 아니라, 바로 오늘 자신들의 신학에 따라 어떻게 살 것인가'였다.[103] 바르트는 고백 교회와 나치 간의 신학적 충돌은 오늘날 정통 신학이 악마적 이단과 싸워야만 하는 교회 생활의 긴급한 위기를 보여 준다고 주장했다. 하나님은 체념하거나 나치 기독교에 순응하기보다는 급진적인 믿음을 요구하고 있었던 것이다.

바르트는 저널과 동일한 제목을 가진 첫 번째 에세이를 통하여 독일 기독인 운동/나치즘과 기독교를 짝지으려는 시도에 반대할 것을 촉구했다. 바르트는 "어떤 상황에서도 일어나서는 안 되는 일은, 우리가 좋다고 여기는 새로운 것에 대한 열정에 빠져 우리의 신학적 실존을 잃어버리는 것"이라고 경고했다. 그리고 바르트는 "교회 안에서 우리는 [믿음으로] 하나되어 …"라는

---

102. Röhm and Thierfelder, *Kreuz*, p. 48.

103. Zahrnt, *Sache*, p. 59.

말을 반복하며, 교회를 위한 타협 없는 입장들을 여러 차례 제시했다. 끝으로 그는 이렇게 썼다.

> 우리에게 하나님은 어디에도 계시지 않으며, 세상 속 어디에도 계시지 않으며, 그의 말씀과 같이 우리의 공간과 우리의 시간 어디에도 계시지 않다. 하나님의 이러한 말씀은 예수 그리스도 외에 다른 이름과 내용이 없으며, 우리를 위한 예수 그리스도는 신약과 구약의 거룩한 경전을 제외하고서, 세상 어느 곳에서도 날마다 새로이 발견되지 않는다. 이와 관련하여 우리는 교회 안에서 하나되거나 혹은 교회 안에 있지 않거나 둘 중 하나다.

'오늘날의 신학 실존'이란 다른 이름, 인종, 영토가 아닌, 오로지 하나님의 말씀과 예수 그리스도에게만 연결되어 있다. 그러나 독일 기독인은 이러한 연결을 끊으려고 시도했다.[104]

저널 각 호는 독일 전역에서 영향력 있는 목사들의 설교들과 성경 연구를 실었다. 고백 교회의 지도자들, 그리고 기타 잘 알려지지 않은 목사들은 신구약 구절들에 대한 성경 중심적·주

---

104. Karl Barth, "Theologische Existenz heute!" in *Theologische Existenz heute*, ed. Karl Barth, vol. 1 (Munich: Chr. Kaiser Verlag, 1933), pp. 4-5.

해적 해석들을 제공했다. 바르트가 독일에서 강제 추방된 이후에도, 이 저널은 1941년, 나치 당국이 폐간시킬 때까지 지속됐다. 그리고 그것은 1946년에 출판을 재개했고 최종호(last volume)는 1984년에 나왔다.

"주여 우리가 누구에게로 가오리이까?"

언젠가 바르트는 어느 학생에게 그 저널에 에세이를 기고하도록 요청한 적이 있었다. 그 학생은 막스 라크만(Max Lackmann)으로 당시 24세였다. 라크만의 에세이는 1934년 여름호에 '주여 우리가 누구에게로 가오리이까?'(*Herr, wohin sollen wir gehen*)라는 제목으로 실렸는데, 이는 하나님의 말씀에 대한 신실함과 나치 국가에 대한 신실함 사이에 분명한 선을 긋는 내용을 담고 있었다. 당시 많은 사람이 독일인으로서의 충성심과 기독교인으로서의 정체성 사이에서 스스로 내적인 갈등을 겪고 있었지만, 라크만은 기독교인들에게는 그러한 갈등이 있을 수 없다고 주장했다. 즉, 기독교인이라면 그리스도 편에 서서 나치 국가에 반대해야 한다는 것이었다. 42장에 달하는 이 에세이는 독일을 소란스럽게 했고 라크만은 공부할 권리를 잃었다! 1940년 안수를 받은 라크만의 설교는 당국의 분노를 샀으며 그 젊은 목사는 결국 다하우(Dachau: 하우 강제 수용소를 말한다—편주)의 가톨릭 사제들을 위해 따로 준비된 독방에 갇히게 됐다.[105] 라크만은 그곳에서 두 개의 기독교 신앙고백이 하나가 되기를 바랐고, 전쟁이 끝난 후에 이 일에 헌신했다.[106]

　　라크만은 에세이 전반에 걸쳐서 자신의 독자들을 직접적으로 '친애하는 형제들과 동료 학생들'로 불렀다. 그는 그들에게 저들이 곧 현재의 목사들과 교수들을 대신할 독일의 설교자들과 신학자들이 될 것을 상기시켰다. 이제는 자신들이 누구의 편에 서 있는지 공언해야 할 때가 왔다. 그는 동료 학생들에게 나치 독일의 기독교인들이 "나사렛의 유대인 예수"를 따르거나, 아니면 자신들의 "열망과 사상"을 따르는 독일 '폴크'와 함께 할 것을 결정해야 한다고 말했다.[107] 즉, 1934년 독일 기독교인들이 당면한 결정은 단순히 복음을 선포할 것인가, 말 것인가의 문제였다. 그러나 라크만은, 기독교 선포의 이러한 기본적인 요소조차도 기독교인을 감옥에 가두게 할 수 있다고 썼다(6쪽). 그

---

105. 유감스럽게도 나는 라크만(Lackmann)의 설교는 구할 수 없었다.

106. 라크만(Lackmann)에 대해서는 다음을 참고하라. http://de.wikipedia. org/wiki/Max_Lackmann; 그리고 영어로는 다음을 보라. http:// en.wikipedia.org/wiki/Max_Lackmann.

107. Max Lackmann, "Herr, wohin sollen wir gehen? Ein Wort eines theologiestudenten an seine Kommilitionen," in *Theologische Existenz heute* (Munich: Ch. Kaiser Verlag, 1934), p. 5. (위 본문에 기록된) 페이지 숫자는 Lackmann의 글의 위치를 가리킨다.

러고 나서 그는 이렇게 썼다: "이제 나는 나의 형제들과 동료 학
생들에게, 그리고 독일 대학들의 젊은 신학자들에게 묻습니다.
'지금 상황이 어떠합니까?'"(강조는 원문의 것). 라크만은 예레미야
7:4을 인용하며 자신의 독자들에게, 독일인들은 "겁없이 자신
들의 귀를 막고, 자기 만족으로 부르짖으며, 이것이 여호와의
성전이라, 이것이 여호와의 성전이라 하면 안 됩니다"라며, 그
러한 자기 기만은 "우리의 모든 형제와 자매와 어린이들의 저
주와 멸망을 의미"한다고 경고했다(7쪽).

이미 일찍이 1934년 초에 라크만은 국가사회주의가 청년들
에게 미치는 위협을 목격했다. 점점 더 나치즘은 다음 세대의
독일인이 완전히 나치 세계관에 젖어들도록 온갖 '교육적' 활동
을 통해 그 영향력을 퍼트리고 있었고, 라크만은 이를 가리켜
'나치즘의 육화(incarnation)'라고 일컬었다. 기독교에 대한 나치즘
의 위협에 이와 같은 노골적인 평가를 내리면서 라크만은 이렇
게 썼다: "친애하는 형제들 그리고 동료 학생들, 우리는 특히나
젊은 신학자로서 이러한 [전체주의] 국가의 주장과 또한 제3제국
의 확장되는 세계관에 맞서는 최전선에 서 있습니다"(8쪽). 모든
생명에 대한 "총체적 주장"이 분명해짐에 따라, 라크만은 자기
세대의 기독교인들에게 "그리스도의 총체적 주장"을 상기시켰
다. 나치의 견해와는 타협이 불가능했다(8-9쪽). 시대의 필요성은
교회가 정치적이 되는 것이 아니라 신학적이 되는 것이었다:

"친애하는 형제들과 동료 학생들! 독일 역사에서 이때는, 우리가 이전과 같이 지금도 **오로지** 성경의 하나님의 말씀에만 매인 신학자들이 될 것을 요구하고 있습니다"(강조는 원문의 것).

성경에 매인다는 말은 세상으로부터 도피한다는 것이 아니었다. 오히려 그것은 기독교인들을 직접적으로 갈등 상황으로 내던졌다. 라크만은, 이러한 부르심은 제3제국의 땅에 견고하게 두 발을 딛고 서는 것임을 분명히 했다. 그는 자신의 독자들에게 이렇게 말했다.

> 여러분은 여러분 자신의 길을 가는 것이 허락되지 않았습니다. 여러분은 아브라함의 하나님, 곧 여러분의 하나님을 따라 걸어야 합니다. 그분이 여러분을 불러 걷게 하고, 서게 하고 살게 합니다. 신학자들은 하늘에서 걷는 것이 아니라 땅에서, 자신의 형제들과 자매들이, 곧 비신학자들과 비기독교인들과 이교도들이 걷는 땅에서 걷습니다. 현재 독일 신학자에게 그 땅은 제3제국을 의미합니다. 그리고 독일 신학자는 하나님의 말씀의 종이라는 의미에서 **신학자로서** 이 길을 걷고 있습니다(13쪽, 강조는 원문의 것).

라크만은 히틀러 독재 1년 만에 먹구름이 몰려오는 것을 볼 수 있었다. 그는 자신의 독자들에게 제3제국에서 겪는 기독교인으로서의 경험들이 마치 자신의 민족 가운데 있는 예레미야의 경험, 그리고 자신의 제자들에 의해 버림받은, 동산에서의 그리스도의 경험과 비슷할 것이라 경고했다(20쪽). 라크만은, 독일의 기독교인들은 이 세계의 **남자든 여자든 누구도** 함께 길을 걸어가지 못할 낯선 사람들이 되어버렸다고 썼다(강조는 원문의 것).

우리는 바르트가 라크만의 사고에 미친 영향을 볼 수 있지만, 가장 위험한 상황 가운데서 그가 기독교 신앙을 갖고서 살아갈 용기는 라크만 자신의 것이었다. 이 에세이에서 주목할 만한 점은 라크만이 바르트, 본회퍼, 그리고 기타 다른 인물들과 더불어 새로운 생각을 따르지 않는 기독교인의 삶이 얼마나 위험할 것인지 일찍부터 알아보았다는 점이다. 또한 라크만은 기독교 신학자들이 정치적 싸움에 참여하는 것이 아니라 복음을 선포하고 나머지는 하나님께 맡겨야 한다는 소명을 확고하게 믿었다. 기독교인들이 그렇게 하는 가장 중요한 방법은 바로 말씀을 전파하는 것이었다. 히틀러의 주장들이 법과 공포로 강제되는 독일에서 하나님의 말씀을 분명하게 선포하는 것이 주일 설교에서 젊은 신학자들이 해야만 했던 것이었다.

바르트와 그리고 바르트에 동의한 다른 사람들이 라크만에게 미친 영향은 아무리 강조해도 지나치지 않을 것이다. 전쟁 후 설교 모음집에 서문을 쓴 헬무트 골비처(Helmut Gollwitzer)는 '본문 설교'(text sermons)의 해방하는 힘을 강조했다.

설교가 진지하게 받아들여질 때, 요구되는 자유를 확보하기 위한 방법으로서, 나의 친구들과 스승들—여기서 나는 특별히 그들의 이름을 직접 거론하고자 한다: 카를 바르트, 에두하르트 투르나이젠(Eduard Thurneysen), 헤르만 디엠(Hermann Diem)—은 개혁파 전통의 본문 설교, 즉 성경 본문에 설교를 더하는 것을 추천했다. 그들은 성경 본문이 단순히 설교의 시작에 두는 모토가 되어서도 안 되고, 모든 종류의 연합을 위한 단순한 근거가 되어서도 안 되며, 설교자가 선택한 주제를 걸어두기 위한 못이 되어서도 안 되고, 오히려 설교자를 구체적으로 통제해야 한다고 가르쳤다. 설교는 이 본문을 듣는 사람들이 이전보다 더 잘 알 수 있게 만드는 것이어야 한다. 동시에 그것은 기쁨을 주며, 그에 대하여 감사하며, 오늘 하루의 삶을 위한 지침이 되어야 한다. 이와 같이 본문에 대한 설교자의 복종은 오히려 설교자를 다른 모든 권위로부터 해방시킨다. 교회의 권위로부터(즉, 종교개혁이 이러한 해방을 경험했다), 그리고 정치적 권위로부터(히틀러의 독재 시절에 이러한 해방을 경험했다) 말이다.[108]

---

108. Helmut Gollwitzer, *The Way to Life: Sermons in a Time of World Crisis*, trans. David Cairns (Edinburgh: T. & T. Clark, 1980), p. xii.

디트리히 본회퍼와 '유대인 문제'

젊은 신학자이자 설교자인 디트리히 본회퍼는 카를 바르트와 더불어 제3제국의 첫해부터 교회와 정치 문제에 대해 목소리를 내기 시작했다. 본회퍼는 나치즘과 다가올 홀로코스트(Holocaust: 유대인 대학살)의 위험성에 대한 대담함과 통찰력을 갖고서, 주목할 만한 글을 통해 독일 내의 유대인을 돌보고 변호할 교회의 책임을 이야기했다. 한 개혁파 신학 저널인 〈전진〉(Vormarsch)의 1933년 6월호에 그 에세이가 실렸고, 본회퍼는 베를린의 한 목회자 모임에서 그 에세이의 주요한 요점들을 구두로 연설했다. 슬프게도 본회퍼가 말하는 도중 그 방에서 몇명의 목사가 박차고 나갔다.[109] 페르디난트 슐링겐지펜(Ferdinand Schlingensiepen)이 최근의 한 본회퍼 전기에 썼듯, 그 글은 본회퍼와 다른 목사들과 신학자들이 국가의 위협에 대한 강력한 대응을 공식화하는 것이 얼마나 어려운 것인지 보여 주었다.

약 400년 동안 독일의 개신교회는 보호라는 명목하에 국가와 밀접하게 연결되어 있었기에 신학적 관점에서 정치에 저항한다는 개념이 독일 전통에는 존재하지 않았다. 교회와 국가는 루터의 두 왕국(zwei Reiche) 교리에 따라 오랫동안 교회는 정치 영역을, 국가는 영적 영역을 침범하지 않는다는 것에 동의해왔

---

109. Schlingensiepen, *Dietrich Bonhoeffer*, p. 143.

다.[110] 오늘날 우리는, 본서의 설교들을 읽고, 또한 홀로코스트나 다른 나치 범죄들에 대한 소심한 기독교적 반응을 되돌아보면서, 나치 독일의 악행이 얼마나 예측하지 못했던 것이며, 또한 그러한 것들을 상대할 기독교 전통은 얼마나 준비되지 못했는지를 기억해야만 할 것이다. 한편으로 본회퍼는 자기 스스로, 교회는 무고한 사람들을 파괴하는 국가에 어떻게 개입해야 하는지 고민한 자신의 생각들을 구체화하기 시작했다. 사실 많은 기독교인은 그저 무엇을 해야 하는지를 알지 못했다. 그들은 자신들이 무엇을 할 수 있는지, 심지어 무엇을 해야 하는지 몰랐다. 본회퍼는 기독교인들이 유대인 희생자의 편을 들 때 국가로 인해 위험에 빠지게 될 그러한 불의에 대하여 저항할 수 있는 세 가지 급진적인 대응을 제시했다.

불의에 대한 첫 번째 대응은, 모든 시민의 복지를 보장해야 하는 국가의 책임에 근거해서 "국가의 행위들이 합법적인지" 교회가 국가에 따져 묻는 것이다.[111] 만약 국가가 실수를 바로잡으려고 애쓴다면 문제는 해결될 것이다. 그러나 박해가 지속된다면 교회는 두 번째로 나아가야 한다. 즉, 기독교인들은 희생자들을 도와야 한다: "교회는 어떤 사회 질서에 속해 있건, 그들이 기독교 공동체에 속하지 않았다 할지라도 피해자들에 대한

---

110. Schlingensiepen, *Dietrich Bonhoeffer*, p. 143.

111. Kelly and Nelson, *A Testament to Freedom*, p. 132.

무조건적인 의무가 있다."[112] 여기서 본회퍼는 위험한 영역으로 넘어가고 있었다. 비록 많은 독일인이, 기독교가 개종한 유대인을 포함한 기독교인들을 도와야 할 의무가 있다는 데에는 동의를 했을지라도 개종하지 않은 유대인을 돕는다는 개념 앞에서는 멈춰 있었다. 유대 공동체와 기독교 공동체 간의 괴리는 너무 커서 많은 기독교인들은 유대인들을 그리스도 안에서의 자신들의 이웃들로 인식할 수 없었다. 본회퍼는 기독교인들에게 나치 국가에서 종교나 지위에 상관없이 나치의 박해를 받는 피해자들을 도와야 한다고 말했다. 만약 그럼에도 불구하고 박해가 계속된다면, 본회퍼는 다음으로 나아가야 할 세 번째 단계를 제안했다. 이 조치는 그 스스로가 결국에 취해야 했던 것으로서, 자신의 목숨을 담보로 한 것이었다: "세 번째 가능성은 바퀴 아래에 깔린 피해자에게 붕대를 감아주는 것이 아니라, 그 바큇살에 몸을 날리는 것이다."[113] 여기서 본회퍼의 기독교 신앙은 정치적이면서도 자기희생적인 저항을 요구한다. 유대인을 짓밟고 있는 나치라는 바큇살을 멈추는 본회퍼의 방식은 다름 아닌 히틀러 암살 음모에 가담하는 것이었다. "합법적인 국가(*der Staat*)가 불법적인 국가(*Unrechtsstaat*)가 될 수 있다"는 생각은 "가상의

---

112. Kelly and Nelson, *A Testament to Freedom*, p. 132.

113. Kelly and Nelson, *A Testament to Freedom*, p. 132.

질문으로도 [루터교] 신학에 등장한 적이 없다.”[114]

본회퍼가 “이 질문을 통해서 자신의 방식으로 사유한 최초의 루터파 신학자였다는 사실은 1933년 그가 교회의 상황을 누구보다 명확하게 보았고, 자신의 교사들이나 친구들, 심지어 그가 찬양해 마지않았던 카를 바르트보다도 급진적인 결론들을 도출했다는 데에서 알 수 있다.”[115] 이 에세이에서 본회퍼는 나치 독일의 기독교인들로 하여금 위험한 방식으로 이웃을 사랑함에 급진적이 될 것을 도전했다. 예수의 비유 속 상처 입은 사람이 선한 사마리아인과 협상할 수 없는 처지에 놓여 있었던 것과 같이 독일 내의 유대인들은 기독교인들과 협상할 수 없는 처지에 놓여 있었다.

나치의 유대인 박해

박해받는 유대인 피해자를 위한 기독교의 도움에 관한 본회퍼의 주장에서 알 수 있듯, 독일 유대인의 삶은 갈수록 견디기 어려워지고 있었다. 언론, 초·중·고등학교, 대학교, 라디오, 극장에서 매일 공격이 있었다. 게다가 이제 곧 반유대 법률들이 나치 권위 아래 살고 있는 유대인들 머리 위로 국가의 총력을 가하게 만들 것이다. 1935년 히틀러가 집권한 지 불과 2년 만에

114. Schlingensiepen, *Dietrich Bonhoeffer*, p. 143.

115. Schlingensiepen, *Dietrich Bonhoeffer*, p. 143.

나치는 뉘른베르크법(Nuremberg Laws)을 제정했는데, 이는 유대계 독일인을 다른 독일인들과 구별하여 차별을 증가시키도록 '특별 대우'하는 것이었다. 이렇게 홀로코스트로 점철될 일이 시작됐다. 베를린은 거의 매일 제한을 강화함으로써 유대인들이 공무직을 맡거나, 학교에서 가르치거나 심지어 자유롭게 이동할 권리를 박탈했다.

1938년 11월, 나치는 전국적으로 유대인에 대한 대대적인 박해의 물결을 일으켰다. 나치 돌격대들(SA: *Sturmabteilung*)과 다른 건달들이 유대인들을 공격했고, 상점의 창문들을 깼고, 제국 전역의 가게, 집, 회당들을 불태웠다. 유대인들은 구타를 당했고 다수가 살해당했다. 역사가들은 그 밤을 '크리스탈나흐트'(*Kristallnacht*, "수정의 밤" 또는 "깨진 유리의 밤")으로 기억한다. 나치 독일의 많은 단어들이 그러하듯, 단어는 아름다운 것 같지만 현실은 참혹했다. 경찰은 지켜보고 있었지만 아무 조치도 취하지 않았고, 나치들은 거대한 파괴의 폭풍인 '쇼아'(*Shoah*: 홀로코스트를 가리키는 히브리어로 '재앙'을 뜻하며, '홀로코스트'는 '완전히 태운 [희생 동물]'을 의미하는 헬라어 '홀로카우스토스'[ὁλόκαυστος]에서 유래한다—역주)의 시작을 알렸다. 어느 날 밤, 독일은 법치 국가가 되기를 멈추었고, 카프카적인 미친 사람들이 아무런 처벌 없이 다스리는 악몽의 나라, 테러 국가로 돌변했다.

디트리히 본회퍼는 그 끔찍한 날에 시편 74편을 펴고 8절

하반절을 강조했다: "하나님의 모든 회당을 불살랐나이다." 그리고 그는 9절의 여백에 검은색 밑줄을 길게 그었다: "우리의 표적은 보이지 아니하며 선지자도 더 이상 없으며 이런 일이 얼마나 오랠는지 우리 중에 아는 자도 없나이다."[116] 참으로 그날 밤 이후, 독일의 그 누구도, 기독교인이든 유대인이든, 그 나라에서의 생활이 문명화됐다고 감히 말할 수 없었다. 상처받은 자들을 싸매고, 박해받는 자들을 도우며, 필요하다면 자신의 목숨을 희생하라는 독일 기독교인들을 향한 본회퍼의 도전은 전체 교회 투쟁에 큰 영향을 미쳤다. 그리스도께서 우리에게 상기시켜주었듯, "만일 자기 목숨을 잃으면, 무엇이 유익하겠는가?"

그러나 설교자들과 예언자들이 없다고 탄식하는 시편의 문장에 밑줄을 그은 본회퍼가 전적으로 옳은 것은 아니었다. 많은 기독교인과 선한 의지를 가진 다른 사람들은 유대인 이웃들에 대한 불법과 폭력을 끔찍하게 여겼다. 역사가 이언 커쇼(Ian Kershaw)는, "유대인 목격자는 아리아인 이웃들과 기독교인 이웃들의 친절함을 풍부하게 증언하며", 또한 "인구의 대다수가 그러한 학살을 압도적으로 거부하고 있었다"라고 말한다.[117] 커쇼는

---

116. Eberhard Bethge, Renate Bethge, Christian Gremmels, *Dietrich Bonhoeffer: A Life in Pictures*, trans. John Kabitz (Philadelphia: Fortress, 1986), p. 229.

117. Ian Kershaw, *Hitler, the Germans, and the Final Solution* (New Haven: Yale University Press, 2008), p. 180.

뮌헨에 살았던 한 유대인의 증언을 길게 인용한다.

> 뮌헨의 기독교인들은 전적으로 그러한 행위에 반대하는 분위
> 기다. … 유대인에 대한 판매 금지에도 불구하고, 식료품 상인
> 들은 유대인들에게 필요한 게 무엇인지 묻고, 제빵사들은 금
> 지령에도 불구하고 빵을 배달한다. 모든 기독교인이 흠잡을
> 데 없이 행동했다.

커쇼는 다음과 같이 해설한다: "제3제국에서 '깨진 유리의
밤'과 같이 (대다수 도덕적인 이유로) 광범위하고도 역겨운 충격의
물결을 일으킨 경우는 거의 없었다."[118]

물론 '깨진 유리의 밤'에 히틀러 시대의 유대인들을 보호하
고 도운 행동은 극도로 적었다. 커쇼는 그것에 대하여 다음과
같이 설명한다: 이는 아마도 부분적으로는 "실제로 사람들이
살면서 느낀 극도의 공포와 위협이라는 상황 때문이었다. …
친-유대적인 발언들, 유대인에 대한 지원, 그리고 나치의 행위
를 비판함으로써 체포되고 비난받은 사례는 풍부하게 나타난
다."[119]

---

118. Kershaw, *Hitler*, p. 181.

119. Kershaw, *Hitler*, p. 182.

본회퍼의 설교

그날 이후 다가온 일요일에, 몇몇 용감한 설교자들이 주중에 전국적으로 있었던 일에 대하여 설교했다(본서에 '깨진 유리의 밤에 대한 설교'도 포함되어 있다). 비록 고백 교회가, 본회퍼가 바랐던 대로 나치의 억압에 저항하고 또 독일의 유대인을 보호하는 데까지 나아가진 못했지만 젊은 신학자 본회퍼는 고백 교회에서 계속해서 사역했고, 핑켄발데(Finkenwalde)의 지하 신학교에서 설교를 가르치기도 했다. 본회퍼의 친구이자 전기 작가인 에버하르트 베트게(Eberhard Bethge)가 언급했듯, 바르트가 강단에서 강의실로 이동한 반면, 본회퍼는 강의실에서 강단으로 나왔다.[120] 바르트가 강단에서 성경 본문의 우위성을 강조했듯, 본회퍼는 신학생들에게 본문의 주권과 설교 시 그리스도 중심적 이해를 중요하게 전했다. 선포에 대한 이러한 관점은 적의 화살을 막아내기 위한 고백 교회 목사의 방패였으며, 기독교 정통이 교회 안팎에 있는 이교도에 대항할 수 있는 반석이었다.

전쟁이 끝난 후 학자들과 일반 독자들은 본회퍼의 옥중 저술들이나 신학 작업에 경탄했지만, 우리는 설교에 대한 그의 사랑에도 주목해 볼 필요가 있다. 본회퍼는 열아홉 살에 첫 설교를 했고, 자신의 죽음이 있기 몇 년 전, 지인이 질병으로 위독하

120. Clyde E. Fant, *Bonhoeffer: Worldly Preaching* (Nashville: Thomas Nelson, 1975), p. 7.

다는 것을 들었을 때, 이렇게 이야기했다: "만약 내가 4-6개월 안에 끝이 올 것이라는 것을 알았다면 어떻게 했을까? 나는 이전과 같이 행동하고, 때로 설교하고, 신학을 가르치려고 노력했을 것 같아."[121] 본회퍼는 핑켄발데에서 설교와 설교의 중요성에 관하여 길게 이야기할 수 있는 기회를 가졌다. 본회퍼의 친구인 에버하르트 베트게는 그가 쓴 본회퍼 전기에서 이 날들에 대해 놀라운 관찰을 했다. 베트게 자신도 이 신학교에서 본회퍼의 학생 중 하나였으므로 그 관찰은 개인 경험에 근거하는 듯하다. 베트게는 다음과 같이 썼다.

> 본회퍼가 각 후보생의 소심하고 볼품없는 설교를 얼마나 진지하게 들으면서 그리스도의 생생한 음성(viva vox Christi)으로 말하는지—심지어 자신에게 있어서도—살핀 것은 학생들에게 매우 이례적인 영향을 미쳤다. 본회퍼는 설교에서 그리스도의 실제 현존하는 음성보다 더 사실적인 것은 없다고 분명히 밝혔다.[122]

본회퍼는 자신의 강의에서 설교를 성례로 말하기도 했다.

---

121. Dietrich Bonhoeffer, *Predigten, Auslegungen, Meditationen*, vol. 1, 1925-1935, ed. Otto Dudzus (Munich: Kaiser, 1998), p. 13.

122. Eberhard Bethge, *Dietrich Bonhoeffer*, p. 506.

말씀의 성례(*sacramentum verbi*)가 있다. 왜냐하면 말씀은 사람들을 맞이하는 그리스도이므로, 은혜도, 심판도 충만하다. … 만약 우리가 설교에서 선포되는 말씀을 무시한다면, 살아 계신 그리스도를 무시하는 것이다. 말씀의 성례가 있다.[123]

설교가 무엇을 할 수 있는지에 대한 이와 같은 높은 평가는 우리가 읽게 될 (본서의) 설교들에서도 명료하다.

바르멘 선언

설교와 하나님의 말씀인 성경에 대한 높은 가치는 바르멘 선언(Barmen Declaration)을 통해서도 빛난다. 제국 교회 루드비히 뮐러와 주로 바르트가 이끄는 목사 및 평신도의 '고백 전선' (Confessing Front) 사이의 긴장은 히틀러 집권 1주년이 다가오면서 더욱 깊어졌다. 바르멘에서 개최된 이 첫 고백 교회 총회(Confessing Synod)에는 300명이 넘는 목사와 평신도가 참여했다.[124] 바르트는 신앙고백 문헌의 첫 초안을 작성했는데, 거기서 그는, "예수 그리스도에게 속한 것이 아니라 다른 주(主)들에게 속한 … 삶의 영역들이 있다"고 가르치는 "독일 기독인들"의 가르침

---

123. Fant, *Bonhoeffer*, p. 130.
124. Scholder, *Churches*, p. 581.

들을 겨냥했다.[125] 그 최종 문서가 바로 바르멘 선언이었고, 그것은 나치가 교회에 대하여 하는 전체주의적인 주장들과 독일 기독인 운동의 이단적 가르침들에 의문을 제기했다. 첫 번째 조항에서 신앙고백 그리스도인들은 바르트의 지도를 따라 성경에서 발견되는 예수 그리스도의 복음이 독일 개신교회의 결코 침해받을 수 없는 기초임을 확실시했다.[126] 개신교 작가이자 신학자인 하인츠 차른트는 바르멘 선언의 첫 번째 조항을 카를 바르트신학의 완벽한 요약으로 간주하고, 그것을 자신의 20세기 개신교사에 관한 책에서 이 관련 내용으로 설명하며 그대로 인용한다.

> 예수 그리스도, 거룩한 성경에서 증언되는 바, 그는 우리가 들어야 하며, 우리가 사나 죽으나 신뢰하고 복종해야 하는 단 하나의 하나님의 말씀이다. 우리는 교회가 하나님의 이 유일한 말씀 외에 다른 계시로서 다른 사건들이나 권세들이나, 인물들이나 사실들을 교회의 선포 자료로 인식할 수 있다거나 해야 하는 것처럼 전하는 [독일 기독인들의] 거짓된 가르침을 배격한다.[127]

---

125. Kelley and Nelson, *A Testament to Freedom*, p. 544.

126. Röhm and Thierfelder, *Kreuz*, pp. 58-59.

127. Zahrnt, *Sache*, p. 73.

인간 지평의 그 어떤 것도 성경에서 제시하는 하나님의 말씀인 그리스도와 모순될 수도, 거기서 뺄 수도, 거기에 더할 수도 없다.

두 번째 조항은 독일 개신교회가 주(州)교회들(Landeskirche)로 조직됐으며, 따라서 뮐러와 독일 기독인들의 새로운 교회의 일부가 아님을 선언했다. 실제로 독일 기독인들은 역사적 신앙고백의 범위를 넘어섬으로써 교회의 존재 자체를 위태롭게 했다.[128] 따라서 바르멘 선언의 신앙고백은 다섯 개의 긍정적인 신앙고백들(신앙의 조항)과 독일 기독인이 주장하는 다섯 개의 이단적 가르침을 나열했다. 즉, 각 확언들마다 상반되는 대립점이 있었다. 바르멘 선언은 "폭풍이 몰아치는 바다의 신학적 생명줄로서, 교회로 하여금 그 사명을 충실히 유지하게 만들고, 정치운동의 선전 무기나 내세에 대한 관점들을 전하는 집단이 아님을 붙드는 고백 교회 전체의 기본 선언문"이 됐다.[129]

또한 바르멘 선언은, 예수 그리스도만이 기독교인의 전체 실존에 대한 권리를 주장하며, 따라서 기독교인들에게 "다른 주인들"(other lords)이 있는 삶의 다른 "영역들"이 있다는 개념을 거

---

128. Röhm and Thierfelder, *Kreuz*, p. 59.

129. Conway, *Persecution*, p. 84.

부한다고 선언했다.[130] 디트리히 본회퍼는 당시 총회(Synod) 때 잉글랜드에 있었는데, 바르멘 선언을 자신의 인생에서 가장 중요한 사건 중 하나로 생각했고, 이는 또한 그가 안전한 잉글랜드에서 다시 독일로 돌아오게 된 계기가 됐다.[131]

수사학적 안내자로서 바르멘 선언

바르멘 선언은 기독교 신앙 선언이지 정치적 의제가 아니었다.[132] 독일 기독인들이 히틀러주의의 금송아지를 숭배하려는 열망을 가졌다고 한다면, 신앙고백 그리스도인들은 그러한 활동을 우상 숭배로 단정지었다. 교회를 비평하는 많은 이들이 히틀러의 시대를 돌아보면서 가톨릭이나 개신교나 둘 다 '더' 정치적이지 못했다고 비판하지만, 어느 교회도 그 자체적으로 정치적 의제를 가진 정치 조직이라고 생각하지 못했다는 것을 기억할 필요가 있다. 교회들은 독일 기독인들이 너무 정치적이라는 이유로 반대했기에 그들 스스로는 정치적이 되지 않음으로써 잘못을 저지르지 않으려고 했다.

---

130. Röhm and Thierfelder, *Kreuz*, p. 58.

131. Schlingensiepen, *Dietrich Bonhoeffer*, p. 181.

132. Conway, *Persecution*, p. 84.

설교를 듣는다는 것

고백 교회 목사들의 생각을 고려하자면 히틀러를 현시대의 메시아로 또는 독일인을 선택받은 백성으로 오해할 여지가 없다. 무엇보다 교회의 구성원의 자격이 인종에 달려 있을 수도 없다. 이를 확실하게 하는 것이 고백 교회 목사들과 장로들이 바르멘에서 만나서 해야 할 주요한 과업이었다. 오늘날 우리 중 대다수는 나치 독일이라는 시대와 배경으로부터 멀리 떨어져 있기에, 그러한 임무가 너무 늦은 것은 아닌지 생각할 수도 있겠지만, 1930년대에 그러한 선언은 설교자를 큰 위험에 빠뜨릴 수 있었다. 히틀러는 반대 의견을 말하는 것도, 비판하는 것도, 나치 사상과 연설에 강제적으로 순응시키는 것('글라이히샬퉁')으로부터 벗어나는 것도 허용하지 않았다. 모든 '신앙고백' 설교는 목사를 체포되게 하거나 좋지 못한 방향으로 내몰았다.

그러므로 각 설교를 바르멘 선언의 그리스도 중심적인 강조에 비추어 읽는 것이 중요하다. 그리스도를 참된 총통(Führer)으로 말하는 것은 은연중에 히틀러가 총통이 아니라는 전복적인 선포였다. 승리자가 아닌 죄인에 대하여 말하는 것 역시 전복적이었다. 왜냐하면 나치는 첫해에는 문화 투쟁에서의 승리의 결과를, 이후에는 전쟁에서의 승리의 결과를 주장했기 때문이다. 구약의 사람들을 좋게 말하는 것, 그리스도를 유대인으로 보는 것 등도 모두 [나치의] 분노를 일으킬 만한 수사학이었다. 약하고 무력한 사람들이 하나님의 사랑과 기독교의 자선을 받을 자격이 있다고 말하는 것은 정신질환자와 장애인에 대한 나치의 가르침에 어긋난다. 나치의 가르침에 의하면 정신질환자와 장애인의 삶은 건강하고 강한 자가 지니는 삶의 가치와 같지 않다. 또한 전쟁이 가져온 고통을 언급하는 것은 총통의 탁월성을 의심한 반역자로 간주되게 만들었다. 무엇보다 모든 지상의 제국들(예, 제3제국) 위에 하나님 나라를 두는 것은 독일 '폴크'에 반항하는 국제적 음모에 가담하는 것과 같았다. 그리고 회중들에게 유대인의 고통이나 전쟁으로 인한 고통을 경고하는 것도 그러한 말을 하는 자를 오히려 당장 위험에 빠뜨리는 것이었다.

우리는 설교에서 말한 것과 더불어, 말하지 않은 것은 무엇인지에 대해서도 살펴야 한다. 앞 단락에서 알 수 있듯 무언가를 말한다는 것은 다른 무언가를 말하지 않는다는 것이었다. 이러한 수사학적 침묵은 정권에 대하여 때로는 미묘하고 때로는 적나라한 비판을 전하려는 목적에 기여했다. 이러한 이유로 나치 수사학의 유독한 말들과는 너무도 다른 기독교의 화법은 목회자 및 성도들과 신앙을 공유하고 위로를 전할 수 있는 전복적인 언어를 제공했다.

나치 연설

나치 신앙과 독일의 새로운 삶의 방식에 대한 의무적 순응에 대하여 앞서 논한 바와 같이, 나치는 자신들의 프로파간다를 쉴 새 없이 표현하기 위해 고유한 화법을 발전시켰다. 다시 언급하자면, 나치 언어에 관한 빅토르 클렘페러의 책은 나치 가운데 살던 유대인이 직접 경험한 특정 단어들과 표현들에 대해 자세히 설명한다는 점에서 읽을 가치가 있다. 특히나 언어 교수로서 그의 통찰력은 매우 유용하다. 한 가지 예를 들자면, 우리가 (본서에 수록된) 설교를 읽을 때, 나치 연설에서 '최상급 형용사'를 사용한다는 클렘페러의 통찰력을 상기하는 것은 도움이 된다. 예를 들어, 히틀러는 '가장 순수한' 혈통의 '가장 용감한' 사람들의 '가장 총명한' 지도자였으며, 독일은 '가장 위대한 국가'이자 '가장 위험한' 시대에 '최악'의 원수들과 전쟁/투쟁한 국가들 중 '가장 영웅적'이며, 그중에서도 '가장 위대한' 나라이자 '가장 영광스러운' 민족이라는 식이다. 클렘페러는 언어적 통찰력을 자신의 개인 경험과 흔히 결합시키곤 했는데, "일반적인 최상급 사용에 관한 일부 실례"를 논하면서 다음과 같이 쓴 바 있다.

> 이것[최상급]은 [제3제국의 언어의] 가장 널리 퍼진 형태라고 할 수 있다. 최상급은 연설가나 선동가가 자신이 원하는 효과를 달성하기 위한 가장 명백한 수단이기에 이는 당연하다. 전형적인 선전의 방식이다. 그렇기에 NSDAP[*Nationalsozialistische Deutsche Arbeiterpartei*, "나치당"]는 모든 경쟁을 제거하고 단독적

재량권을 유지함으로써 그 고유한 특수 용도를 위하여 최상급 사용을 제한시켰다. 1942년 10월, 드레스덴(Dresden)에서 가장 존경받는 옷가게 중 한 곳의 전 주인이자 당시에는 공장 노동자였고 곧 '도주하다 총에 맞을' 옆방에 사는 우리의 이웃 에거(Eger)는 내게 자신의 사업을 홍보하려고 할 때 광고지에 최상급 표현을 사용하는 것이 금지됐다는 사실을 말해 준 적이 있다.[133]

나치 연설을 연구하기 위한 또 다른 유의미한 자료는 현재까지는 독일어로만 제공되고 있는 『국가사회주의의 어휘』(*Vokabular des Nationalsozialismus*)다. 나치의 단어, 표현, 개념 등에 대한 이 연구는 클렘페러가 나치 언어 연구와 자신의 긴 일기에서 지적한 바와 같은 것을 동일하게 강조한다. 나치는 언어를 진지하게 생각하고 정치적 목적을 위한 언어 사용을 다듬으려고 애썼다. 잘 알려진 바와 같이, 나치 프로파간다의 수장 괴벨스는 나치즘 사상을 전달하기 위해 단어들을 선택하고 완곡어법으로 그 범죄성을 은폐하기 위해 끊임없이 노력했다. 지금 여기서 클렘페러나 『국가사회주의의 어휘』에 있는 나치 언어에 대한 많은 실례들과 에세이들을 다 논할 수는 없지만, 몇 가지 실례들은 은

---

133. Klemperer, *Language*, pp. 219-20.

연중에 스며들게 했던 나치 언어의 어조를 설명하는 데 도움이
될 것이다.

'원죄'라는 용어를 듣는 기독교인들은 자연스럽게 창세기의
타락 이야기를 떠올린다. 동일한 단어를 듣는 나치는 아마도 히
틀러가 『나의 투쟁』에서 정의한 것을 떠올릴 것이다. 거기서 원
죄는 "혈통과 인종에 반하는 죄"다.[134] 괴링(Göring)은 원죄를 "피
를 모독하는 것"(Blutshande)으로 언급하며 "우리 독일인은 이 원
죄로 인해 극심한 고통을 겪어야만 했다"(205쪽)면서, 뉘른베르
크법을 정당화했다. 그러나 『나의 투쟁』이 아닌 창세기로부터
자신들의 본문을 가져오는 설교자들은 자연스레 창세기의 이야
기를 읽으며 그리고 영감받은 히브리 저자로 하여금 원죄는 혈
통이나 인종의 순수함이 아니라 교만과 불순종과 연결되어 있
다는 사실을 회중에게 상시키킴으로써 나치의 기본적인 개념에
자동적으로 도전하게 된다.

클렘페러가 지적했듯 독일인들은 기독교인들과 유대인들
이 하나님을 믿는 만큼 히틀러를 믿었다. 그러므로 '믿음'(der
Glaube)이라는 명사가 나치 어휘의 중심 개념이 됐다는 것은 당
연하다. 통상적으로 나치 신앙은 "의심의 여지가 없는 새로운
정치적 신앙으로서 국가사회주의와 관련된 모든 사안과 언제나

---

134. Schmitz-Berning, *Vokabular des Nationalsozialismus*, pp. 204-5. 이하
　　참조는 본문에 있다.

옳게 행하는 총통의 능력에 대한 전폭적인 신뢰"를 의미했다
(274쪽). 히틀러는 1922년 4월 4일의 한 연설에서 이렇게 말했다:
"우리의 운동(Bewegung)이 창조해야 할 가장 강력한 것(das Ge-
waltigste)은 바로 이토록 제각각이고 헤매며 그릇 행하는 대중을
위한 하나의 새로운 믿음입니다." 나치 지도부들만이 아돌프 히
틀러에 대한 신앙을 고백한 것은 아니다. 독일 기독인 주교인
뮐러는, 히틀러의 정책에 대한 믿음은 기독교인이 예수의 산상
수훈에 대하여 갖는 믿음과 같다고 선언하기까지 했다(275쪽).
'나치 돌격대의 믿음'(Der Glaube in der SA)이라는 한 기사에서 그
저자는 종교적 신앙과 나치 신앙을 한 잔에다 섞는다. 그는 나
치 돌격대의 믿음은 "하나님의 뜻으로 말미암아 우리에게 오신
총통을 믿는 것"이라고 선언한다. 확실히 사도신경을 암송하거
나 하나님, 그리스도, 제3제국하에서의 설교 중 기도의 능력에
대한 믿음을 언급하는 것 등은 기독교의 중심 덕목에 대한 나치
의 이해에 도전하는 것이었다.

　　　'잔인한'이라는 단어는 가장 애용되던 형용사였던 것 같다. 우
　　　리는 일반적으로 '잔인함'을 부정적인 개념으로 본다. 나치들
　　　도 자신들의 적에게 이 단어를 적용할 때는 그와 같은 의미를
　　　허용했다. 그러나 그 단어를 타협하지 않고 승리가 아니면 받
　　　아들이지 않는 나치 자신의 특성에게 적용할 때에, 잔인함은

긍정적인 미덕이었다(129~30쪽).

잘 알려진 것처럼 스바스티카(꺾인 십자 모양으로 '나치 깃발'로도 불림─편주)는 나치즘의 상징이었다. 내 생각에 이 상징이 제3제 국에 그토록 널리 퍼진 이유 중 일부는 아마도 독일어로 그것이 의미하는 바가, "갈고리 십자가"(*Haken-kreuz*, '하켄크로이츠')였기 때 문일 것이다. 나치는 십자가를 기독교 십자가에 도전하고 대항 하려는 이교의 상징으로 왜곡하고 곡해시켰다. 『국가사회주의 의 어휘』에서 암시된 바와 같이 스바스티카는 기독교의 십자가 와 직접적인 경쟁 관계에 있었다(289쪽). 나는 저항 설교들에서 그리스도의 십자가(*Kreuz*, '크로이츠')에 대한 언급이 때로는 그것 이 경쟁하는 바로 그 나치의 십자가(*Hakenkreuz*, '하켄크로이츠')를 염두에 두었다고 확신한다.

'굳고 강한 것'(Hard and hardness)이 나치즘의 미덕이었고, 부 드러움과 연약함은 열등한 인종들에게나 해당되는 것이었다. 하인이 자신의 주인을 '굳은' 사람으로 알았기에 두려워하는 누 가복음 19:21을 루터가 그렇게 번역했기에 독일어로 '굳은'(독일 어, *hart*─역주)이 오랫동안 부정적인 의미를 내포하였던 것을 알 고 있었던 히틀러는 그것이야말로 독일 청년에게 가장 요구되 는 자질로 보았다(294, 295쪽). 1934년 히틀러는 어느 한 친위대 지도부 모임 연설에서 만일 세계의 유대인을 없앤다면, 100구,

150구, 1,000구의 시체 위를 걷는다는 것이 무엇인지 알게 될 것이고 이것이 그들을 '굳게' 만들 것이라고 말했다(296쪽).

다른 많은 말과 사상들이 그러했듯 나치는 인간적 가치들을 뒤집어엎고 기독교의 미덕들과 계명들을 조롱했다. 그래서 어느 설교가 기독교의 특성을 칭송할 때면, 그 단어와 의미와 태도를 크게 왜곡하여 다루었다. 자랑, 용서, 죄, 구속, 구원, 기도, 겸손, 약함 등 모든 것이 기독교 어휘에 있지만, 나치 연설에는 굳음, 반대, 잔인함, 최종 승리, 히틀러에 대한 복종, 약자와 환자와 소수자의 거부 등으로 대체됐다. 제3제국에서는 이와 같이 두 언어가 날마다 서로 대립을 이루었다. 실제로 기독교인들에게 주요한 질문 중 하나가 바로 '크로이츠냐 하켄크로이츠냐'(*Kreuz oder Hakenkreuz*)였다.

기독교인의 침묵의 수사학

증오와 불협화음을 이룰 수밖에 없는 상황에서 때때로 최고의 대응은 침묵하는 것이었다. 놀라운 통찰력을 발휘한 고백 교회의 목사 빌헬름 니뮐러(Wilhelm Niemöller)는 나치 연설에 대한 최선의 반응이 어떻게 교구에서 설교와 교육 중 '침묵'하는 것이 될 수 있는지에 관하여 글을 썼다. 니뮐러는, 국가의 일은 "기독교인이 아니라 독일인이 되게 만드는 것!"이라는 독일 기독교인들의 터무니없는 생각에 대하여, "이제 침묵하면서 [그러

한 침묵 가운데] 우리의 입을 더욱 경건하게 여기는 것 외에는 할 수
있는 것이 없는 것 같았습니다. 이를 위한 적합한 곳이 회중 모
임이었습니다"라고[135] 이야기했다. 나는 이러한 침묵을 국가사
회주의와 그 악에 대한 억압적인 순응에 대한 구체적인 반대로
서 모든 교구에서 시행된 정통 설교 및 정통 실천으로 간주한
다. 기독교인들은 복음적 수사를 통하여 나치의 정치적 연설에
맞섰다.

니묄러가 교회 투쟁 기간에 자신의 교구 경험을 통해서 밝
혔듯이 고백 교회는 지역 교구를 크게 신뢰했다. 고백 교회 목
사들과 더불어 각 회중은 교회 투쟁을 펼쳤다(48쪽). 어느 목사
도 빈 교회에서 설교하지 않았고, 교회 투쟁의 기간에 니묄러는
주일 예배 참석자가 너무도 늘어나서 추가로 의자를 가져와야
했으며 심지어 많은 사람은 서 있을 수밖에 없었다고 썼다(53
쪽). 게다가 그는 성찬에 참여하는 사람의 수가 1932년에는
1,476명이었는데, 1936년에는 2,070명으로 늘었다고 덧붙인다
(53쪽). 또한 평신도들은 고백 교회의 사역이나 자선 사업에 자
신의 돈을 기부할 수 있었다(50-51쪽). 니묄러의 교구 교회에, 약
3,319명의 평신도들이 문서에 서명하며, "기꺼이" 스스로를 고

---

135. Wilhelm Niemöller, *Aus dem Leben eines Bekenntnispfarrers* (Bielefeld: Ludwig Bechauf Verlag, 1961), p. 45. (위 본문에 기록된) 페이지 숫자 는 Niemöller의 글의 위치를 가리킨다.

백 교회의 권위 아래 두었는데, 이때는 다름 아닌 나치가 그 교회의 두 명의 목사에 대한 괴롭힘을 강화하고 있던 때였다(50쪽).

또 다른 기독교 저항의 요충지는 베를린-달렘(Berlin-Dahlem)에 있는 교회였다. 히틀러 청소년단은 일요일 아침마다 청년들을 위한 예배를 방해하는 의도적인 행위들을 예정하고 있었으나, "그루네발트(Grunewald)에서 달렘에 있는 마을 교회까지 땀과 먼지를 뒤집어 쓰고 달려온 남자 아이들이 그 자리에 앉아주었다."[136] 또 유대인들에 대한 박해가 심각해짐에 따라, 교구 회원들은 비록 "충분하진" 않았을지라도 유대인이든 비유대인이든 그들을 돕는 위험한 활동들에 적극 참여했다.[137]

1937년 여름, 그 교회의 목사인 마르틴 니뮐러가 체포된 것이 "그 회중에게 가해진 가장 심각한 타격"이 되었던 것은 사실이다. 헬무트 골비처(Helmut Gollwitzer) 목사는 그날 저녁 성 안나(St. Anne) 목사관에 있었는데, 그의 리더십 아래 교구 회원들은 자신들의 목사를 위한 중보 기도 모임에 참여하기 시작했다. 그리고 이 기도 모임은 이후에도 정기적으로 지속됐다.[138] 골비처

---

136. Günther Harder and Wilhelm Niemöller, eds., *Die Stunde der Versuchung: Gemeinden im Kirchenkampf 1933-1945: Selbstzeugnisse* (Munich: Chr. Kaiser Verlag, 1963), p. 79.

137. Harder and Niemöller, *Versuchung*, p. 79.

138. Harder and Niemöller, *Versuchung*, p. 80.

는 베를린-달렘 교회의 목사가 되었고, 나치가 그를 강단에서
끌어내리고 베를린에서 추방시킬 때까지 저항 설교를 계속해서
이어갔다. 니묄러와 골비처라는 이름에서 알 수 있듯 베를린-달
렘은 탁월한 설교자들의 축복을 받았다. 물론 이들뿐 아니라 다
른 사람들도 회중들이 히틀러에 반대하고 그리스도께 신앙고백
적인 충성을 할 수 있도록 하는 데 기여했다. 그 회중 중 한 구
성원은 다음과 같이 상기했다.

> 자신들만의 독특한 방식으로 정기적으로 회중에게 설교한 이
> 모든 설교자와 더불어, 강력한 성경 본문으로 인해, 혹은 특별
> 한 날 드려졌기에, 혹은 강한 호소나 비판의 날카로움이나 힘
> 으로 인해 회중들에게는 잊을 수 없는 예배들이 언제나 있었
> 다.[139]

그리고 엘지 슈텍(Elsie Steck)은 전쟁 기간에 계속해서 강력한 설
교를 전한 설교자들의 이름을 나열했다.

> 아버지 니묄러(그 목사의 아버지: 마르틴 니묄러의 아버지 하인리히
> 니묄러[Heinrich Niemöller]를 가리키는 듯하다—역주), 한스 아스무센

---

139. Harder and Niemöller, *Versuchung*, p. 82.

(Hans Asmussen), 하인히리 포겔(Heinrich Vogel), 클라펜로트(Klappenroth), 마르틴 피셔(Martin Fischer), 귄터 덴(Günther Dehn), 한스 뵘(Hans Böhm), 야나쉬(Jannasch), 비벨리우스(Bibelious)와 릴리(Lilje) 등등. 그 외에도 달렘 지역 및 독일 전역에서 온 많은 목사들이 있었다.[140]

도발로서의 설교

1935년 구프러시아연합교회의 제2차 신앙고백 총회가 베를린-달렘에서 개최됐다. 이 모임에서 목사들과 평신도는 복음 전파를 교회의 "중심 임무"로 강조하는 선언을 발표했다.[141] 선언문에는 "우리는 우리의 '폴크'가 거대한 위험에 직면해 있음을 목도하고 있다. 이 위험이란 국가사회주의라는 새로운 종교다"라는 내용이 담겨있다.[142] 목사들은 오는 주일 강단에서 이 선언문의 내용을 낭독하기로 했다. 이 결의안이 나오자 정부는 '새로운 종교'라는 문구를 빌미로 삼아 낭독을 금지했다. 게다가 모든 목사는 그 내용을 읽지 않겠다는 뜻을 서면으로 국가에 보고해야만 했다. 많은 목사들이 이를 거부하자 715명의 목사가

---

140. Harder and Niemöller, *Versuchung*, p. 83.

141. Albrecht Aichelin, *Paul Schneider: Ein radikales Glaubenszeugnis gegen die Gewaltherrschaft des Nationalsozialismus* (Gütersloh: Chr. Kaiser/ Gütersloher Verlagshaus, 1994), p. 99.

142. Aichelin, *Paul Schneider*, p. 99.

체포되는 '체포의 물결'(wave of arrests)이 일어났다. 그들 중에 파울 슈나이더(Paul Schneider)가 있었는데, 그는 강제수용소에서 사망한 첫 번째 목사였다.[143] 목사들은 그 감옥에서 단 하루를 보냈을 뿐이지만, 이 사건은 고백 교회가 설교를 얼마나 중요하게 여겼는지, 그리고 "새로운 종교"의 도전에 대처하기 위해 강단을 사용하는 것이 얼마나 중요한지를 보여 주었다. 동시에 이는 다가오는 위험을 예고했다.

본서에 수록된 설교를 한 설교자들이나 기타 가톨릭 및 개신교를 포함한 많은 사람은 새로운 종교가 가져오는 피해를 외면할 수 없었다. 개인의 안전이라는 명목도 강단에서의 비겁함에 대한 변명이 될 수 없었다. 파울 슈나이더 목사는 1937년 11월 14일 감옥에서 아내에게 보낸 편지에 나치 독일에서 설교하는 것에 대하여 다음과 같이 썼다: "저나 우리 모두가 설교에서 너무 많은 말을 한 것이 아닙니다. 오히려 우리는 너무 적게 말했습니다."[144]

아마도 21세기에 이 설교를 읽는 사람들 중 어떤 이들은 이 설교자들이 하나님의 선포된 말씀에 대한 그들의 확신에 놀라지 않을 수 없을 것이다. 많은 설교가 급진적이고 예언적일 뿐만 아니라 현대의 기준으로 볼 때 상당히 길다. 오늘날 기준으

---

143. Aichelin, *Paul Schneider*, p. 100.

144. Aichelin, *Paul Schneider*, p. 212.

로 볼 때, 나치가 공포로 교회 벽 밖을 지배하고 있는 동안 회중
들이 세심한 주의를 요하는 그러한 긴 설교를 듣고 있었다는 것
은 얼마나 놀라운 일인가. 박해의 악몽이 시작되고, 그 뒤를 이
어 전쟁이 터지고, 독일 도시들에 폭탄이 떨어지고, 전선과 가
정에서 상상할 수도 없는 사상자가 발생했던 당시, 우리는 설교
자들이 짧게 위로가 되는 경건한 말들을 했을 것이라고 생각할
수도 있지만 실상은 그렇지 않았다. 이 설교자들은 집중하여 듣
기를 원했다. 심지어 이 설교자들은 신앙으로 말미암는 용기를
기대했다. 교회 안에서 하나님의 말씀을 선포하는 일은 교회 밖
의 일만큼이나 긴급했다. 본서 제2부에 등장하는 모든 설교자
는 자신이 처한 고유한 상황과 또한 자신만의 고유한 방식으로
예레미야가 생각나게 만든다. 그의 애가는 마치 멀리 떨어져 있
는 또 다른 형제의 목소리처럼 들린다.

> 내가 다시는 여호와를 선포하지 아니하며 그의 이름으로 말하
> 지 아니하리라 하면 나의 마음이 불붙는 것 같아서 골수에 사
> 무치니 답답하여 견딜 수 없나이다(렘 20:9).

　제3제국 전역에서 일어난 교회 투쟁은 강단에서뿐만 아니
라 예배당 의자에서도 이루어졌다. 히틀러의 그늘 아래에서 설
교한다는 것은 위험한 일이었다. 그러나 예수 그리스도는 설교

자와 회중 모두에 대해 자기 주장을 펼칠 때 실제로 타협하지 않았다. 그리스도에 비하면 히틀러는 얼마나 작은 존재인가. 괴벨스와 그의 선전에 의한 단어들의 끔찍한 왜곡에 맞선 강단의 기독교인은 복음의 진리와 순전히 '육신이 된 말씀'을 제공했다. 이러한 저항 설교에서는 특정한 주제들이 두드러진다. 그것은 바로 예수 그리스도의 권위, 하나님의 주권, 거룩한 성경으로서의 구약과 신약, 교회의 순수성, 이웃 사랑에 대한 실패—특히 유대인 형제·자매에 대한 사랑의 실패—와 부도덕에 대하여 독일에 책임을 묻는 하나님의 심판의 확실성, 유럽 계몽주의 시대 이후에 나치의 사이비 과학과 우상 숭배 가운데서도 여전한 복음의 타당성, 그리고 기독교의 진리를 위해서는 자신들의 죽음까지도 감수해야 한다는 복음의 요구 등이다.

제2부
제3제국에서의 설교 선집

"너는 말씀을 전파하라
때를 얻든지 못 얻든지 항상 힘쓰라
범사에 오래 참음과 가르침으로
경책하며 경계하며 권하라"

(디모데후서 4:2)

기드온

디트리히 본회퍼(Dietrich Bonhoeffer)

설교에 앞서서

1906년 브레슬라우(Breslau)에서 디트리히(Dietrich)와 자비네 (Sabine)는 카를 본회퍼(Karl Bonhoeffer)와 파울라 본회퍼(Paula Bon-hoeffer)의 여덟 남매 가운데 쌍둥이로 태어났다. 아버지인 카를 본회퍼는 베를린의 정신의학과 교수였고 가족 모두 수도 베를린의 상류층으로서 거대한 집에서 살았다. 디트리히에게 있어서 가족은 삶의 중심이었다.[1] 그러나 제1차 세계대전은 목가적인 본회퍼 가족의 환경을 산산조각 냈다. 그들의 자녀 중 하나

---

1. Ferdinand Schlingensiepen, *Dietrich Bonhoeffer, 1906-1945: Eine Biographie* (Munich: C. H. Beck, 2006), p. 21.

였던 발터(Walter)는 그 전쟁에서 목숨을 잃었다.[2]

디트리히 본회퍼는 학생으로서 매우 훌륭했다. 그는 박사과정을 21살에 끝냈으며 박사 학위 논문인 『성도의 교제』(Sanctorum Communio)는 지금까지도 읽혀지고 논의되고 있다. 1930-31년 학창 시절 그는 뉴욕(New York)의 유니온 신학대학원(Union Theological Seminary)에서 수학했으며, 또한 뉴욕에서 할렘가의 아프리카계 미국인 공동체와 조우하는 경험을 가졌다. 본회퍼는 그 예배에 참석했으며 특별히 흑인 영가의 생명력에 감동을 받았다. 그리고 차별로 인해 고통받는 시민 공동체와의 만남은 그로 하여금 히틀러 치하의 유대계 독일인들의 고통을 더욱 민감하게 느끼도록 만들었다. 유니온의 이 독일 신학자는 프랑스 평화주의자 장 라세르(Jean Lasserre)와 친구가 되었는데, 장 라세르는 본회퍼에게 "국위선양 혹은 영토 확장이라는 야망을 추구하는 그리스도인들의 부조리가 사람들을 죽인다"는 사실을 보게 해주었으며,[3] 또한 예수가 제자들에게 명령한 급진적 평화의 실천('원수를 사랑하라', '오른뺨을 맞거든 왼뺨을 돌려대라', '오 리를 가고자 하거든 십 리를 가라' 등등)은 단지 1세기의 전유물이 아니라, 모든 시

---

2. Schlingensiepen, *Dietrich Bonhoeffer*, p. 30.

3. Geffrey B. Kelly and F. Burton Nelson, eds., *A Testament to Freedom: The Essential Writings of Dietrich Bonhoeffer* (San Francisco: Harper Collins, 1995), p. 11.

대의 모든 그리스도인이 세상 끝날까지 지켜야 하는 것이라는 사실도 깨닫게 해주었다.[4] 이러한 생각들은 본회퍼를 간디(Gandhi)에게로 이끌었고, 즉시 그는 연구를 위해 인도로 여행할 계획을 세웠다. 그러나 그 여행은 성사될 수 없었다. 왜냐하면 그는 신학생 교육을 하는 고백 교회를 도울 수 있도록 독일로 돌아오라는 요청을 받았기 때문이다.

고백 교회의 신학생들은 독일 대학에 출석하는 것이 금지되어 있었으며, 또한 고백 교회의 구성원들은 대학에서 가르치는 것도 허락되지 않았다. 따라서 고백 교회는 발트해(Baltic Sea) 연안의 핑켄발데(Finkenwalde)의 외딴 마을에서 지하 신학교를 설립할 수밖에 없었다. 본회퍼는 핑켄발데에서의 강의들을 통해 미래의 고백 교회의 목회자들에게 예수의 급진적 제자도로의 부르심에 대한 놀라운 해석을 제공했다. 그의 프랑스 친구에 의해 미국에 심겨진 씨앗들이 독일의 토양에서 열매를 맺은 것이다. 본회퍼는 훗날 자신의 강의들을 개정하여, 『나를 따르라』(Nachfolge)라는 제목으로 출판했다.

1937년 9월, 경찰은 핑켄발데의 신학교를 폐쇄했다. 그 뒤를 이어 핑켄발데 출신인, 본회퍼의 제자 27명이 나치 수용소에 투옥되었다. 1938년 1월, 나치는 본회퍼가 베를린에 오는 것을

4.   Schlingensiepen, *Dietrich Bonhoeffer*, p. 90.

금지했고, 부모 방문과 같은 특별한 경우에만 예외를 두었다.[5]
독일에서의 삶이 점점 더 어려워졌기에, 본회퍼는 미국에서 가
르칠 수 있는 기회를 주는 초대에 응했으나 도착한 지 얼마 지
나지 않아 그는 곧 다시 독일로 되돌아갈 것을 결정했다. 본회
퍼가 뉴욕을 떠나 독일로 다시 돌아간 날짜는 1939년 7월 27일
이었다.

약 1년이 지난, 1940년 9월, 본회퍼는 다른 많은 목사들과
마찬가지로, 제3제국에서 공적으로 연설하거나 설교하는 것을
법적으로 금지당했다.[6] 그 이후 즉시 그는 어떤 작은 비밀 단체
에 가입하는데, 그들의 최종 목표는 히틀러를 암살하고, 전쟁을
끝내기 위해 영국과 협상하는 것이었다. 이 단체는 나치의 테러
로부터 소수의 유대인들을 구조하는 활동도 벌였다.[7]

본회퍼와 "저항군"(*Abwehr*: 1920년에서 1945년까지 존재했던 독일의
군사정보기관. 방첩 임무부터 내외국 정보 수집에 이르기까지 폭넓은 활동을
했다―편주)의 연합 활동을 통해 그와 조직은 유대인들을 적대시
하는 히틀러 정치의 잔혹함에 대해 직접적으로 알 수 있게 됐
다.[8] 분명 이러한 정보는 억압받는 소수를 위해서라면 개인적

5.   Schlingensiepen, *Dietrich Bonhoeffer*, p. 418.
6.   Eberhard Bethge, *Dietrich Bonhoeffer: Eine Biographie*, 8th ed.
      (Gütersloh: Chr. Kaiser/Gütersloher Verlagshaus, 1994), p. 784.
7.   Kelly and Nelson, *A Testament to Freedom*, p. 37.
8.   Kelly and Nelson, *A Testament to Freedom*, p. 37.

희생까지도 감수하겠다는 본회퍼의 책임 의식을 증가시켰을 것이다. 7월 20일에 시행될 계획에 가담한 그의 의지는 그의 에세이 '교회와 유대인 문제'(The Church and the Jewish Question)에 암시된다. 거기에서 본회퍼는 초기부터 있었던 교회 투쟁에 관하여 글을 썼다(본서 제1부의 "디트리히 본회퍼와 '유대인 문제'"를 보라). 그는 나치의 유대인 박해에 직면한 고백 교회의 겁먹은 모습에 대단히 실망했다.[9] 바르멘 선언이 이루어졌을 때, 본회퍼는 런던에서 독일어를 사용하는 교회의 목사로 섬기고 있었다. 비록 독일에 있지는 않았지만 본회퍼는 고백 교회의 과정을 따랐으며, 바르멘 선언은 교회에서의 유일한 그리스도의 주권에 대한 철저한 확언이라는 점에서 그를 기쁘게 했다. 그러나 여전히 바르멘 선언이 유대인들에 대한 나치의 박해라는 현실에 대해 침묵하고 있다는 사실이 그를 실망시켰다.[10]

나날이 늘어가는 유대인에 대한 폭력은 본회퍼로 하여금 평화주의에서 폭력 저항으로, 그의 사상을 바꾸게 했다.

1943년 4월, 본회퍼는 체포당한 이후에도 기독교적 용기의 모델이 되어주었다. 그 투옥은 커다란 고통, 위험, 심지어 고문 가운데서도 그리스도께 대한 순종을 실천하는 새로운 기회들을 주었다. 그가 투옥 중 쓴 글들은 『옥중서간』(Letters and Papers from

---

9.   Kelly and Nelson, *A Testament to Freedom*, p. 18.

10. Kelly and Nelson, *A Testament to Freedom*, p. 20.

Prison)으로 출판됐으며, 제자도에 관한 책, 『나를 따르라』만큼 유명하게 되었다. 부켄발트(Buchenwald)의 파울 슈나이더처럼 디트리히 본회퍼도 기독교적 증언을 하지 않으면 교도소 수감을 풀어주겠다는 제안을 거절했다.

히틀러의 특별 명령으로, 본회퍼는 1945년 4월 9일 교수형을 당하는데, 이는 독일이 항복하기 바로 며칠 전이었다(4월 30일에 히틀러가 자살을 하고, 5월 4일에 독일 항복, 8일에 전쟁이 종결된다―역주).

다음의 설교는 나치 제국 초기에 이루어졌던 것이다. 1933년, 본회퍼에게 이 새로운 제국은 명백한 악이었다. 본회퍼가 히틀러의 권력 장악 이후 처음으로 설교했을 때, 분명 그는, 유대인 기드온이 수사학적으로 반-유대, 친-전쟁이라는 독일 수사학에 대해 날카로운 대조를 보여줄 수 있음을 알았을 것이다. 강한 군대 앞에 선 연약한 기드온의 군대에 대한 본회퍼의 반복되는 강조는 대중들에게 깊은 인상을 심어주었을 것이다. 또한 제단(altars)에 대한 언급은 독일 교회의 성찬대들(altars)을 반영하는 것인데, 그 제단들은 나치의 깃발과 히틀러의 초상으로 신성모독적으로 더럽혀져 있었다. 이 기드온에 대한 설교는 새로운 제국에 있는 독일인들로 하여금 '유대-기독교의 하나님이냐, 아니면 독일 이교도냐'라는 급진적 선택을 하게 한다.

설교문: 기드온[11]

그러나 기드온이 그에게 대답하되 오 주여 내가 무엇으로 이
스라엘을 구원하리이까 보소서 나의 집은 므낫세 중에 극히
약하고 나는 내 아버지 집에서 가장 작은 자니이다 하니 여호
와께서 그에게 이르시되 내가 반드시 너와 함께 하리니 네가
미디안 사람 치기를 한 사람을 치듯 하리라 하시니라 … 여호
와께서 기드온에게 이르시되 너를 따르는 백성이 너무 많은즉
내가 그들의 손에 미디안 사람을 넘겨 주지 아니하리니 이는
이스라엘이 나를 거슬러 스스로 자랑하기를 내 손이 나를 구
원하였다 할까 함이니라 … 기드온이 그들에게 이르되 내가
너희를 다스리지 아니하겠고 나의 아들도 너희를 다스리지 아
니할 것이요 여호와께서 너희를 다스리시리라 하니라(삿 6:15-

---

[11] 1933년 2월 26일, 독일, 베를린(Berlin)에서 행해진 설교다. 독일어
본문은 이것이 '에스토미히(Estomihi) 일요일'(사순절 전 마지막 일
요일)에 행해진 설교임을 보여 준다. '에스토미히'(Estomihi)란 라틴
어 *esto mihi* ("나에게 ~하소서")에서 유래했으며, 시편 31:2에 근거한
다: "내게 귀를 기울이소서, 나를 속히 건지소서, 내게 견고한 바위
가 되소서, 내게 구원하는 산성이 되소서." 이것이 이 날의 시편이었
다. 본회퍼가 기드온 이야기를 해석한 것은 고난의 시간에도 하나님
이 우리의 유일한 피난처가 되어주심을 강조하는 시편에 대한 아름
다운 주석을 제공한다.

16; 7:2; 8:23)[12]

이것은 두려움에 떨며 믿음이 적은 사람들, 지나치게 조심하는 사람들, 걱정에 사로잡힌 사람들, 하나님의 마음에 들고 싶어 하나 그렇지 않은 사람들을 향한 하나님의 비웃음에[13] 관한 강렬한 이야기입니다. 이것은 인간의 힘을 비웃는 하나님에 관한 이야기, 인간을 웃음거리로 만들고, 그러한 조롱과 사랑으로 인간을 이긴 하나님에 대한 의심과 믿음에 관한 이야기입니다. 따라서 이것은 열광을 불러일으키는 영웅 전설이 아닙니다. 기드온 이야기에 지그프리트(Siegfried)[14] 같은 인물은 없습니다. 이것은 오히려 거칠고, 고되며, 마냥 위로만을 주지는 않는, 그런 이야기입니다. 왜냐하면 기드온과 더불어 바로 우리가 조롱

---

[12] 나치가 유대인의 모든 것을 혐오한다는 점에서, 고백 교회에서 본회퍼나 다른 사람들의 구약 사용은 그 자체로 매우 중요하다. 다음을 보라. Doris L. Bergen, *Twisted Cross: The German Christian Movement in the Third Reich* (Chapel Hill: University of North Carolina Press, 1996).

[13] 여기서 사용된 독일어는 *Spott*다. 이 단어는 조롱, 비웃음, 멸시, 풍자, 냉소 등과 같은 의미를 포괄한다. 분명 히틀러가 집권한 지 얼마 지나지 않았을 때, 독일인들이 하나님의 냉소와 비웃음을 들을 것이라 기대했을 리 없다.

[14] 지그프리트는 중세 서사시이자 바그너(Wagner) 오페라의 기초가 된 니벨룽엔의 노래(*Nibelungenlied*)의 영웅이다. 여기서 본회퍼는 유대인 영웅과 게르만 영웅을 명백하게 대조한다.

당하기 때문입니다. 조롱당하고 싶은 사람이 어디에 있겠습니까? 세계의 주께 조롱받는 것보다 더 굴욕적인 걸 상상할 수 있습니까? 성경은 종종 하늘에 계신 하나님이 우리 인간의 분주함을 조롱한다 말하고, 또 손수 만드신 오만한 피조물을 하나님이 비웃는다고 이야기합니다. 여기에 전능한 주권자가 계십니다. 그분의 강함은 비할 데 없습니다. 살아 계신 주님은 지금도 자신의 피조물에 대하여 그렇게 하고 계십니다. 전능한 손을 갖고 계시며, 그분의 말씀 한마디로 모든 것이 이루어집니다. 하나님은 자신의 영으로 세상에 생명을 불어넣고, 자신의 영을 거두시어 세상을 소멸시키시는 분입니다. 마치 도예가가 도자기들을 다루듯 모든 '폴크들'을[15] 흩으시는 하나님에게 인간은 영웅도, 혹은 영웅에 견줄 만한 존재도 아닙니다. 오히려 피조물은 조롱과 사랑으로 저들을 자신의 종으로 삼으시는 하나님의 뜻에 따라 행하고 복종해야 하는 존재입니다.

그렇기에 우리에게는 지그프리트가 아니라 기드온이 있습니다. 왜냐하면 하나님께 조롱당한 이 의심 많은 자는 그의 신앙을 굳은 역경의 학교에서 배웠기 때문입니다.

우리는 교회에 **하나**의 제단만을 두고 있습니다. 바로 지극히 높은 이, 유일하고 하나이신 분, 전능자, 영광과 존귀를 홀로 받

---

[15] 여기서 사용된 독일어는 *Völker*로, *Volk*의 복수형이다. *Volk*는 나치가 인종적인 의미로 남용하고 왜곡하고 혐오할 때 사용했던 단어다.

으실 주, 만물이 절해야 하며 제아무리 강한 권력자라도 그 앞
에서는 먼지에 불과할 뿐인 창조주의 제단입니다. 우리는 결코
인간을 숭배하는 제단을 두지 않습니다. 우리 교회의 제단에서
드려지는 예배는 하나님께 드리는 것이지, 인간에게 드리는 것
이 아닙니다. 그 외에 다른 것을 원하는 자들은 떠나야 하며 결
코 우리와 함께 하나님의 집에 들어갈 수 없습니다.[16] 누구든지
자기 자신이나 혹은 다른 인간을 위해 제단을 쌓고자 하는 자는
하나님을 조롱하는 것이며, 하나님은 그러한 조롱을 용납하지
않을 것입니다. 교회 안에 있다는 것은 오직 주님이신 하나님과
만 함께 하겠다는 용기를 갖는 것을, 다른 어떤 인간이 아닌 하
나님만을 예배한다는 것을 의미합니다. 그렇습니다. 참으로 이
것은 용기가 필요한 일입니다.[17] 우리가 하나님을 주님으로 모

---

[16] 히틀러가 수상이 된 직후 독일 전역의 많은 교회는 히틀러를 칭송하
는 예배를 드렸다. 나치 깃발로 가득 찬 교회, 스바스티카(Swastika)
를 새긴 성직자 가운을 입은 목사들은 흔한 광경이었다. 본회퍼의 전
기 작가는 마르부르크(Marburg) 대성당에는 "성찬대 주위에 스바스
티카의 깃발의 숲"이 있었다고 기록할 정도다. 마르부르크 대성당의
설교자는 그 깃발들을 가리키며 스바스티카가 "독일 희망의 상징이
되었습니다. 누구라도 이 상징을 모욕하는 사람은 독일을 모욕하는
것입니다"라고 말했다. Eberhard Bethge, *Dietrich Bonhoeffer: Eine
Biographie*, 8th ed. (Gütersloh: Chr. Kaiser/Gütersloher Verlagshaus,
1994), p. 305.

[17] 본회퍼의 삶이야말로 이 단순하면서도 심오한 사유가 진리라는 것
에 대한 살아 있는 증언이다.

시는 일, 하나님을 믿는 일에 가장 방해가 되는 것은 우리의 비겁함입니다. 그리고 그렇기에 우리에게 기드온이 있습니다. 왜냐하면 기드온은 우리와 함께 지극히 높으신 전능한 분의 하나의 제단으로 나아가 오로지 이 하나님에게만 자신의 무릎을 꿇고 있기 때문입니다.

그와 마찬가지로 우리는 교회 안에 유일한 하나의 강단을 갖고 있습니다. 이 강단에서는 하나님에 관한 믿음만이 선포되며, 다른 신앙은 아무리 좋은 의도라 할지라도 이 강단에서는 선포되지 않습니다. 그렇기에 우리에게 기드온이 있습니다. 왜냐하면 기드온과 그의 인생 이야기가 바로 이러한 신앙에 대한 살아 있는 설교이기 때문입니다. 우리에게 기드온이 있는 이유는, 우리가 우리의 신앙을 추상적으로, 딴 세상 이야기처럼 비현실적으로, 혹은 사람들이 듣기 좋아할지는 모르지만 실제로는 집중하지 않을 뻔한 말로 이야기하고 싶어하지 않으며, 또한 믿음으로 행한다는 것이 실제로 무엇인지 단순히 설명을 듣기보다, 어떻게 그것이 이루어지는지, 때로는 생생한 삶의 한가운데서, 그리고 사람에 관한 이야기 속에서 확인하는 것을 좋아하기 때문입니다. 여기서 신앙은 모두를 위한 것이며, 어린애 장난이 아니라 매우 위험하고 심지어 두려워할 만한 것으로 확인

됩니다.[18] 여기, 배려도, 형편도, 아무런 봐주는 것도 없는 거래 상황에 누군가가 처해 있습니다. 만약 요구되는 조건을 수락하지 않으면 그는 파산할 것입니다. 이처럼 종종 믿음의 사람의 모습은 인간적으로 볼 때 아름답거나 조화롭기보다, 오히려 갈기갈기 찢겨 있을 때가 많습니다. 그리고 믿음을 갖는 법을 배운 사람은 언제나 자기 자신에게서 벗어나서 그분, 곧 사람들을 능력으로 사로잡아 결박하시는 그분을 향합니다. 그래서 우리에게 기드온이 있습니다. 왜냐하면 기드온의 이야기는 영화롭게 되신 하나님과, 겸손하게 된 사람에 관한 이야기이기 때문입니다.

여기서 기드온은 여느 수천 명의 사람들과 다를 바 없는 사람입니다. 하지만 그 수천 명의 사람 가운데 그는, 하나님이 만나셨던, 하나님 자신의 사역을 맡기셨던, 그리고 불러 행동하게끔 하셨던 사람입니다. 왜 그입니까? 왜 여러분과 저입니까? 하나님이 제게 말씀하시며 찾아오실 때 그저 재미로 그렇게 하시는 걸까요? 하나님의 은혜라는 것이 우리의 모든 이해를 비웃으려는 것일까요? 그러나 우리가 여기서 무엇을 따지겠습니까? 하나님에게는 여러분이나 저나, 높은 자나 낮은 자나, 강한 자나 약한 자나, 부한 자나 가난한 자나, 자신이 원하는 대로 선택

---

[18] 위와 마찬가지로 본회퍼의 삶은 이 진리를 강조한다.

할 자격이 있지만, 우리는 그에 관하여 따질 수 있는 자격이 없지 않습니까? 여기서 우리가 듣고 순종하는 것 외에 무엇을 할 수 있겠습니까?

기드온은 월등한 힘을 가진 적국 미디안의 손에 속박되어 있던 이스라엘을 해방시켜야 합니다. 수천 명 중에서 특출날 것 없었던 그가 기적에 가까운 일을 하기 위해 부르심을 받았습니다. 그는 먼저 자기 자신을, 자신이 가진 힘을 보았고, 그러고 나서 도무지 정복할 수 없어 보이는 상대를 보았습니다. 자신에게는 아무것도 없었습니다. 그러나 적은 모든 것을 갖고 있었습니다. 기드온은 하나님께 이렇게 답했습니다. "주님, 제가 무엇으로 이스라엘을 구원하겠습니까? 당신이 저를 불러 시키신 이 일을 감히 제가 어떻게 성취하겠습니까? 주님, 이 일이 너무 무겁습니다. 저를 괴롭게 마십시오. 돌이켜 주십시오. 아니면, 제게 도움을 보이사, 군대를, 무기를, 자금을 허락해 주십시오! 하나님, 우리가 얼마나 비참한지 아시는지요. 이 굶주리고 약해진 백성을[19] 보십시오. 집이 없고 먹을 빵이 없어 당신을 의심하는 이 현실을 보십시오. 이들이 당신이 아닌 다른 신들에게 절하고 있는 것을 보십시오. 도대체 제가 어떻게 이스라엘을 구원하겠습니까?"

---

[19] 여기서 사용된 독일어는 *Volk*다.

이 기드온이 참으로 우리가 알던 그 기드온이 맞습니까? 갑자기 그가 너무도 인간적으로 보이지 않습니까? 기드온이여, 당신의 목소리가 너무도 생생합니다. 당신이 그때 했던 말이 오늘도 똑같이 들립니다. 그리고 세계 속 수많은 무리 중 하나에 불과한 우리 개신교회를 향한 부르심이 들립니다. "너희는 이스라엘을 구원하라. 너희는 그들을 묶고 있는 공포와 비겁함과 악의 사슬로부터 그 백성을 해방하여야 하리라." 이 부르심은 교회를 심히 떨게 하며 괴롭게 합니다. 왜냐하면 지금 이 교회는 영향력도 없고, 무력하고 모든 면에서 탁월한 것이 하나도 없기 때문입니다. 도대체 이런 교회에 왜 이러한 소명과 짐이 지워지는 것일까요? 교회는 자신의 선포가 무력하다고 생각합니다. 교회는 이 소명을 들어야 할 사람들의 무관심과 불평을 보고 있으며, 자신은 이 일에 적합하지 않다고 생각하고 있습니다. 교회는 자신의 내면의 공허함과 황량함을 바라보며, 두려운 마음으로, 섣불리 이렇게 말합니다. "제가 **무엇으로** 이 민족을 구원하겠습니까? 제가 어떻게 그런 놀라운 일을 할 수 있겠습니까?"

그런데 그 부르심이 갑자기 우리를 찾아오고 있습니다. "현재 너희를 옭아매고 있는 속박을 없애라. 너희를 갉아먹는 두려움을 없애라. 너희를 불태우는 인간의 욕망의 힘을 없애라. 가학적이면서도 자기 합리화하는 자기 고립을 멈춰라. 다른 사람을 두려워함을, 다른 사람 앞에서의 허영심을 끝내라. 너희를 구원하라." 누가 감히 이 부르심을 듣지 못했노라고, 또 누가 기드온처럼 "주님, 제가 **무엇으로** 그런 큰 일을 할 수 있겠습니까?"라고 대답한 적 없다고 할 수 있겠습니까?

그러나 기드온은 입을 다물어야 했습니다. 그때나 지금이나 하나님은 우리를 책망하며 우리의 입을 다물게 하십니다. 만약 여러분이 '무엇으로?'라고 묻는다면, 이는 하나님이 여러분을 부르고 계신다는 의미를 아직 깨닫지 못했다는 의미가 아니면 무엇이겠습니까? 하나님이 여러분을 부르셨다는 그 사실만으로 충분하지 않다는 말입니까? 그 부르심을 똑바로 들었다면, 여러분의 '무엇으로'라는 질문이 사라지지 않겠습니까? "내가 너와 함께 하리라." 이것은 즉, 다른 어떤 도움을 구할 필요가 없다는 뜻입니다. "내가 너를 부르셨으니 내가 너와 함께 하리라. 나도 그 일을 하리라." 들리십니까? 어제와 오늘의 기드온인 여러분! 하나님이 여러분을 불렀으니 그것으로 족합니다. 듣고 계십니까? 의심하는, 또 묻고 의심하는 기독교인 여러분! 하나님은 여러분을 향한 계획을 가지고 계십니다. 바로 여러분입니다. 각오를 다지고 확인하십시오. 결코 잊지 마십시오. 여러분이 무력하여 바닥까지 짓눌려 있을 때에도, 하나님은 당신을 향한 기이하고, 놀라우며, 위대한 계획을 갖고 계십니다. "내가 너와 함께 하리라."

그래서 기드온이 무엇을 하고 있습니까? 그는 나가서 나팔을 불고, 각 지파에서 군대를 소집하고, 할 수 있는 한 싸울 수 있는 힘을 가진 자라면 누구라도 자신에게로 모읍니다. 그럼에도 적군의 우세한 전력과 비교하면 여전히 초라한 군대에 불과하기에 기드온은 선뜻 전쟁에 나서지 못합니다. 기드온이 적군 맞은 편에 진 치고 있던 때에, 하나님이 다시 나타나 그의 길을 가로막습니다. "기드온아, 네가 무엇을 하였느냐? 기드온아, 네 믿음이 어디에 있느냐? 너의 이 군대를 보라. 너무 많도다. 기드온아, 너의 두려움과 의심이 이 군대를 모으게 하였구나. 너와 함께하는 이 군대가 내가 보기에 너무 많도다. 나는 네게 이러한 방식으로 승리를 주지 않을 것이다. 네가 네 자신을 믿고서 이르기를, '우리가 우리의 힘으로 구원하였도다, 우리가 승리를 얻어냈도다' 할 것이나, 내가 그렇게 두지 않으리라."

여러분, 하나님 앞에 엎드려 여러분의 하나님을 하나님 되게 하십시오. 오직 하나님만이 여러분을 구원하실 수 있음을 깨달으십시오.[20] 이것은 하나님의 약속입니다. 하나님의 말씀은 세상의 모든 군대를 합친 것보다 강합니다.

---

[20] 당시 아돌프 히틀러와 새롭고 강력한 제3제국에 대한 열광을 고려하면, 이것은 급진적인 반나치 사상이다. 총통 및 인간 의지의 힘에 대한 나치의 숭배가 국가를 휩쓸고 있었으며, 이후 이러한 신격화는 더욱 심해졌다.

여기서 결정적인 질문이 주어집니다. "기드온아, 너는 너의 주 하나님을 참으로 믿고 이 두렵고 위험한 적과 마주서 있느냐? 기드온아, 만약 그러하다면, 너의 대군을 집으로 돌려보내라. 네게는 대군이 필요치 않다. 내가 너와 함께 있으니, 승리는 네 군대가 아니라 내게 속하였느니라." 이 얼마나 터무니없는 말씀입니까! 이 얼마나 혼란스러운 살아 계신 하나님과의 만남입니까! 기드온이 자신의 초라한 군대와 함께 적군의 우세한 전력과 마주하여 머뭇거리고 있을 때, 돌연 하나님이 찾아와 그의 면전에서 그를 비웃고 조롱합니다. "기드온아, 너와 함께하는 이 군대가 내가 보기에 너무 많도다." 더 많은 양의 무기와 군대를 가져오라고 하시기는커녕 하나님은 군대 감축을 요구합니다. 다시 말해 믿음을 요구하시는 것입니다. 군대를 집으로 돌려보내는 그 믿음! 도대체 하나님은 얼마나 인간의 모든 능력을 비웃으시는 것일까요! 이는 모든 믿음의 시험 중에서도 가장 가혹한 것입니다. 하나님을 도무지 이해할 수 없는 분으로, 세상에 대한 폭군으로 만들어 버립니다. 미칠 노릇 아닙니까? 인간의 관점으로 볼 때 지금 적을 눈앞에 두고 기드온이 의지할 수 있는 유일한 힘을 포기하라니, 기드온의 오장육부가 뒤틀리지 않겠습니까? 도대체 세상에 어떤 흉포한 신이 자기 영광에 미쳐서, 인간의 길을 가로막고, 미처 깨닫기도 전에 인간들의 계획들을 좌절시킵니까? 왜 하나님은 우리를 좌절시킬까요? 그것은 바로 하나님은 교만한 자를 대적하시기 때문이며, 인간은 항상 잘못을 저지르고도 또 반복하기 때문입니다. 그러면 왜 우리는 항상 잘못을 저지를까요? 우리가 우리 자신을 믿으려 하고 하나님을 믿으려 하지 않기 때문입니다.

하지만 기드온은 믿었고 순종했습니다. 그는 자신의 군대를 집으로 돌려보냈습니다. 그리고 곁에 남은 사람들과 함께 그의 믿음은 그를 비웃은 하나님 안에서 자라났습니다. 이 극소수의 남은 자들을 제외하고 모두 집으로 되돌아갔을 때, 바로 그때 승리가 기드온의 두 손에 주어졌습니다. 그는 믿었습니다. 그는 순종했습니다. 그는 하나님께 영광을 돌렸습니다. 그는 자기 명예를 버렸습니다. 그리고 하나님은 약속을 지켰습니다.

이것은 흔한 과장된 이야기에 불과합니까? 그렇게 말하는 사람은 기드온이 여전히 우리와 함께하고 있다는 것, 그리고 저 옛날 기드온 이야기가 매일 매일 기독교 세계에서 이루어지고 있다는 걸 모르는 사람입니다. "내가 너와 함께 너의 대적과 맞설 것이다." 기드온과 우리는 무엇을 하고 있습니까? 우리는 우리의 온 힘을 모읍니다. 우리는 수단과 방법을 가리지 않고 도움을 요청합니다. 우리는 계산하고, 우리는 무게를 재고, 우리는 숫자를 셉니다. 우리는 온갖 공격 무기와 방어 무기로 무장합니다. 그리고 갑자기 예상치 못한 때, 아무도 모르는 때, 살아 계신 하나님이 찾아와 우리를 치십니다. "네가 믿으면, 네 무기를 던져라. 내가 너의 무기라. 네 갑옷을 벗어라. 내가 너의 갑옷이다. 네 자존심을 내려놓아라. 내가 너의 자존심이다." 기드온의 교회여, 들리십니까? 하나님께 맡기십시오. 말씀이, 성례들이, 하나님의 계명이 여러분의 무기가 되게 하십시오. 다른 도움을 구걸하지 맙시다. 두려워하지 맙시다. 하나님이 여러분과 함께하십니다. 강해지려 하지 말고, 위대해지려고 하지 말고, 유명해지려고 하지 말고, 존경받으려 하지 말고, 오직 하나님이 여러분의 힘, 여러분의 명성, 여러분의 영광이 되게 하십시오. 하나님을 믿고 있지 않습니까?

교회가 사방에서 오는 온갖 끔찍한 위협에 직면하여 가능한 모든 수단을 동원하여 스스로를 방어해서는 안 된다는 건 정신 나간 것처럼 보이지만 전혀 그렇지 않습니다. 광기가 이런 기드온을 세상에 등장시켰을까요? 사실 이 모든 것은 기독교 그 자체의 어리석음입니다. 그것이 이 이야기가 전달하는 내용입니다. 이 이야기는 주어진 어떤 특별한 계명에 관한 것이 아닙니다. 이는 모든 세대가 타당하다고 여기는 것이 아니라, 오히려 어리석은 것이며 산 믿음에 거치는 돌입니다. 그럼에도 우리는 고백합니다. "내 힘만 의지할 때는 패할 수밖에 없도다"(루터가 작사한 찬송가 '내 주는 강한 성이요' 가사 중 일부, 새찬송가 585장—역주). 그리고 여러분 한 사람 한 사람, 속박에서 스스로를 해방하고, 그 사슬을 풀고, 두려움을 꽉 붙든 손을 이제 펴라는 부르심을 들은 여러분, 그 부르심을 들었다면 이미 믿음 없음에서 행동으로 돌아선 것입니다. 여러분은 자신의 운명을 통제하길 원하며, 여러분이 가진 모든 에너지를 쓰면, 여러분이 가진 모든 것을 쏟아부으면 그렇게 할 수 있다고 생각합니다. 그러나 돌연 하나님이 친히 여러분의 길을 막아서면, 여러분의 그 잘난 모든 계획이 수포로 돌아갑니다. "네 무기를 던져라, 내가 너의 무기라. 네 수천의 무기가 내 것 하나보다 못하다. 네가 할 수 없는 것을 나로 하게 하라. 너는 '내가 내 힘으로 구원하였도다'라고 자랑하길 원하나, 구원은 네게 속한 것이 아니니라. 존귀와 영광을 내게 돌리고, 나를 믿으라. 내 은혜가 네게 족하도다. 이는 내 능력이 약한 데서 온전하여짐이니라."

기드온의 전사들은 놀랐을 것입니다. 기드온으로부터 집으로 돌아가라는 명령을 들었을 때, 그들은 전율했을 것입니다. 교회가 권력과 명예를 포기하고, 모든 계산을 멈추고, 하나님 자신이 자신의 일을 하게 하라고 명령하시는 그분의 음성을 들을 때, 교회는 언제나 놀라고 전율합니다. 우리도 우리 중 어느 한 기드온이 그러한 길을 걸어가는 걸 볼 때, 고개를 가로저으며 시험에 듭니다. 그런데 정작 우리 교회 한가운데 있는 바로 그 십자가가 우리를 얼마나 당황하게 만듭니까? 십자가는 무력함, 불명예, 무방비, 절망, 무의미의 상징이 아닙니까? 그러나 바로 그 십자가에서 또한 하나님의 능력, 명예, 방어, 소망,

의미, 영광, 승리를 발견하지 않습니까? 기드온에서 십자가로 뻗은 직선이 보입니까? 이 직선의 이름이 '믿음'이라는 걸 알고 계십니까?

기드온이 이깁니다. 교회가 이깁니다. 우리가 이깁니다. 왜냐하면 오직 믿음이 이기기 때문입니다.[21] 그러나 승리는 기드온이나 교회나 우리 자신에게 있는 것이 아니라 하나님께 속한 것입니다. 그리고 하나님의 승리는 우리의 패배, 우리의 굴욕을 의미합니다. 하나님의 승리는 강한 척, 잘난 척, 스스로가 무엇이라도 되는 것인 양 우쭐대는 자들에 대한 하나님의 비웃음이자 하나님의 진노입니다. 하나님의 승리는 세상과 세상의 외침이 잠잠해지는 것, 우리의 모든 생각과 계획이 무너진다는 것을 의미합니다. 하나님의 승리가 의미하는 바는 십자가입니다. 세상을 이긴 십자가! 그것은 제아무리 가장 고귀한 인간이라 할지라도, 그들이 원하든 원하지 않든, 그들과 더불어 이 세상의 모든 신들과 우상들과 주들이 먼지로 돌아갈 것을 의미합니다. 예수 그리스도의 십자가는, 모든 인간적인 위엄에 대한 하나님의 신랄한 조롱이자 모든 인간의 비참함에 대한 하나님의 쓰라린

---

[21] 본회퍼가 여기서 강조를 위해 반복해서 사용하는 독일어는 *siegen* ("이기다", "승리하다")인데, 이 동사에서 나치의 슬로건인 *Sieg heil*, 즉 "거룩한 승리"가 나온다. 기독교인에게 승리나 정복이 얼마나 급진적으로 다른 의미를 갖는지 생각해보라.

고통당하심이며, 온 세상에 대한 하나님의 주권을 의미합니다.

　사람들은 승리한 기드온에게 마지막 시험, 최후의 유혹으로 접근합니다. "우리의 주가 되어 우리를 다스리라." 그러나 기드온은 자신의 역사도, 자신의 백성의 역사도 잊지 않았습니다. "주께서 너희를 다스릴 것이요, 너희에게 다른 주는 없으리라." 이 말씀에 따라 모든 신들과 우상들의 제단, 인간에 대한 예배, 인간의 자기 우상화는 무너져야 합니다. 그것들은 모조리 홀로 주님이신 하나님 앞에서 심판받고, 정죄받고, 무너지고, 십자가에 못 박히고, 흙바닥에 내던져질 것입니다. 우리 곁에 두려움과 의심을 지나 믿음에 이른 기드온이 유일하신 한 분 하나님의 제단에 무릎을 꿇고 있습니다. 우리와 함께 기드온은 기도합니다. "십자에 달리신 주여, 우리의 유일한 주님이 되소서." 아멘.

유대인 예수에 관한 설교

카를 바르트(Karl Barth)

설교에 앞서서

많은 사람이 카를 바르트(Karl Barth, 1886-1968년)를 20세기의 가장 위대한 개신교 신학자로 생각한다. 독일이든 아니면 어디든 수많은 신학생과 목사들이 자신들을 바르트주의자(Barthians)로 규정한다. 그의 방대한 『교회 교의학』(Church Dogmatics)이 20세기 전반에 걸쳐서 신학적 사고에 큰 영향을 미치긴 했으나, 모두가 그의 젊은 시절에 대해서, 특히 고백 교회에서의 그의 리더십과 초기 교회 투쟁에서 그가 미친 영향력에 대해서 잘 아는 것은 아니다. 하지만 바르트의 목소리와 설교는 나치즘에 대한 기독교의 주요한 저항이었고, 본회퍼만큼이나 중요하다.

스위스 바젤에서 태어난 카를 바르트는 1922년 자신의 『로마서』(*The Epistle to the Romans*) 개정판의 출판과 더불어 국제적인 명성을 빠르게 획득했다. 바울의 편지에 대한 이 중요한 주석에서 바르트는 성경의 하나님과 인간 문화 사이의 건널 수 없는 격차를 강조했고, 남자나 여자나 그들의 최고의 성취라 할지라도 하나님의 승인을 받을 만한 여지를 남겨두지 않았다. (서문에서 밝힌 대로) 이 주제는 확실히 히틀러의 제3제국에서 더욱 급진적인 어조를 띠었다.

바르트의 아버지는 사실상 스위스의 수도인 베른(Bern)에 있는 대학교에서 교회사와 신약을 가르쳤다. 그곳은 카를 바르트가 입학한 곳이기도 하고, 또한 자신이 신학자가 되어야겠다고 공언한 곳이기도 하다.[1] 그는 처음에는 베를린에서, 당시 독일에서 가장 유명한 신학자였던 아돌프 폰 하르낙(Adolf von Harnack) 밑에서 공부했다(훗날 그는 하르낙과 이견을 보였다). 바르트는 베를린을 떠나 마르부르크(Marburg)의 빌헬름 헤르만(Wilhelm Hermann) 밑에서 학업을 마쳤다. 헤르만의 예수에 대한 견해는 당시 신학에서 너무도 중요했던 역사적 예수에 대한 '자유주의적 탐구'(liberal quest)를 반영하고 있었다.[2]

---

1.   James B. Torrance, "Karl Barth," in *The Encyclopedia of Religion*, vol. 2, editor in chief James Lindsey (New York: Thomas/Gale, 2005), p. 789.

2.   Torrance, "Karl Barth," p. 789.

바르트는 자신의 고향인 스위스에서 한 작은 회중의 목사로 섬겼다. 1911년부터 1921년까지 그는 자펜빌(Safenwil)에서 정기적으로 설교했는데, 거기서 자신이 사랑하는 회중들이 매일 접하는 어려움들은 그로 하여금 사회 정의의 옹호자가 되게끔 만들었지만, 그렇다고 하여 사회 정의에 대한 기독교적 관심과 혁명에 대한 마르크스주의자(Marxist)의 관심을 혼동할 정도는 아니었다.[3]

타자들에 대한 기독교적 관심은 하나님을 아는 지식에 뿌리내리고 있으며, 이는 인간의 욕망이나 역사적 진보가 아니라 예수 안에 있는 하나님의 계시로부터 와야 한다. 바르트는 자신의 모든 작품에서 그리스도 안에 있는 하나님의 유일한 계시가 역사나 문화를 통해 그리스도의 의미를 알아내려는 인간 중심적인 시도를 무효화한다는 것을 그리스도인들에게 강하게 상기시켰다. 하나님은 우리에게 자신의 말씀으로 말씀하며, 우리의 책임은 거기에 응답하고 순종하는 것이지, 복음을 변개하거나 조정하는 것이 아니다. 바르트는 하나님과 그분의 피조물 사이에 있는 간격은 너무 넓어서 감히 인간이 그것을 메울 수 없다고 주장했다. 오직 신성한 계시만이 이러한 단절을 없앨 수 있다.[4]

1933년 1월 히틀러가 집권했을 당시 바르트는 본(Bonn) 대학

---

3.   Torrance, "Karl Barth," p. 790.

4.   Torrance, "Karl Barth," p. 790.

의 교수였는데, 그의 설교학 강의(1932-33년)는 유명했고 인기도 많았다. 독일 기독인들과 나치가 점점 더 사회를 장악하고 유대인에 대한 자신들의 증오심을 점점 더 드러냄에 따라, 저들은 교회가 도무지 견딜 수 없는 타협안을 요구하기 시작했고, 나치 이데올로기로 복음을 독살하려 했다. 바르트는 이러한 이단들에 대하여 타협하지 않고 응수하는 주요한 방어자 중 한 사람이 되었다.[5] 대학 교수였던 바르트는 1934년, 공무원(국가 봉사직)에게 요구되는 히틀러에 대한 충성 맹세를 거부하였기에 독일로부터 추방되어야 했다.[6] 바르트는 나치 독일을 떠나 스위스로 간 이후에도 계속해서 독일의 기독교 사상에 막대한 영향을 미쳤다. 그의 신정통주의 신학 및 설교와 출판물들은 나치 프로그램과 나치 프로그램이 독일 교회에 미치는 영향에 저항하는 토대를 마련했다고 해도 과언이 아니다.[7] 바르트는 1932년부터 시작해서 그의 남은 일생 동안 자신의 『교회 교의학』을 한 권씩 써나가면서, 기독교의 가르침에 대한 자신의 방대한 해석 작업

---

[5] 본서 1부를 참고하라. 또한 다음 자료도 좋은 개요를 제공한다. James B. Torrance, "Karl Barth," in *The Encyclopedia of Religion*, vol. 2, editor in chief James Lindsey (New York: Thomas/Gale, 2005)

6. Victoria J. Barnett, *For the Soul of the People: Protestant Protest against Hitler* (New York: Oxford University Press, 1992), p. 156.

[7] 바르트의 설교, 책, 강의와 더불어 그의 저널 *Theologische Existenz heute*는 교회의 목소리를 들을 수 있게 해준 하나의 광장이었다.

을 계속해서 이어갔다. 비록 그가 살아서 그 작품을 완성하지는
못했으나, 이 주요한 글들은 수년간 신학적 논쟁을 촉발했다.
그 가운데 바르트는 기독교의 계시를 어떤 '자연 신학'(natural
theology)이 아니라, 하나님이 그리스도 안에서 행하시는 것으로
이해했다.[8]

　여기에 포함된 설교는 히틀러가 수상으로 취임한 첫해에 이
루어진 것으로 주제는 유대인 예수다.[9] 이튿날 설교 사본들이
만들어졌고, 바르트는 그 설교를 심지어 히틀러에게 보내기까
지 했다.[10] 예수가 유대인이라는 사실은 교회에 있던 몇몇 사람
들의 기분을 상하게 만들었고 그들은 밖으로 나가버렸다. 바르
트는 교회의 한 여자 성도에게 편지를 쓰면서 예수에게서 유대
인 정체성을 제거하는 것은 당연히도 불가능하다고 이야기했
다: "유대인이며, 이방인과 유대인을 위해 죽으신 그리스도를
믿는 사람은 유대인을 멸시하는 일, 유대인을 학대하는 일에 당

8.　Torrance, "Karl Barth," p. 791.

[9]　Eberhard Busch는 나치 독일 시대 유대교와 유대 시민들에 대한 바
　　르트의 견해와 관련된 이 설교의 중요성에 대한 상세한 논의를 제공
　　한다. Eberhard Busch, *Unter dem Bogen des einen Bundes: Karl Barth
　　und die Juden 1933-1945* (Neukirchen-Vluyn: Neukirchener Verlag,
　　1996), pp. 165-74.

10.　Busch, *Unter dem Bogen des einen Bundes: Karl Barth und die Juden 1933-
　　1945*, p. 165.

연히 **참여할 수 없습니다.** 그런데 이것이 오늘날 유행하고 있습니다."[11]

설교문: 유대인 예수에 관한 설교[12]

이제 인내와 위로의 하나님이 너희로 그리스도 예수를 본받아 서로 뜻이 같게 하여 주사 한마음과 한 입으로 하나님 곧 우리 주 예수 그리스도의 아버지께 영광을 돌리게 하려 하노라 그러므로 그리스도께서 우리를 받아 하나님께 영광을 돌리심과 같이 너희도 서로 받으라 내가 말하노니 그리스도께서 하나님의 진실하심을 위하여 할례의 추종자가 되셨으니 이는 조상들에게 주신 약속들을 견고하게 하시고 이방인들도 그 긍휼하심으로 말미암아 하나님께 영광을 돌리게 하려 하심이라 기록된 바 그러므로 내가 열방 중에서 주께 감사하고 주의 이름을 찬송하리로다 함과 같으니라 또 이르되 열방들

---

11. Eberhard Busch, *Karl Barth: His Life from Letters and Autobiographical Texts*, trans. John Bowden (Philadelphia: Fortress, 1976), pp. 234-35 [= 『칼 바르트: 20세기 신학의 교부, 시대 위에 우뚝 솟은 신학자』, 복 있는사람, 2014]. 강조는 원문의 것.

12. 1933년 12월 10일(주현절 둘째 주일), 독일, 본(Bonn), 슐로스교회 (Schlosskirche)에서 행해진 설교다.

아 주의 백성과 함께 즐거워하라 하였으며 또 모든 열방들아
주를 찬양하며 모든 백성들아 그를 찬송하라 하였으며 또 이
사야가 이르되 이새의 뿌리 곧 열방을 다스리기 위하여 일어
나시는 이가 있으리니 열방이 그에게 소망을 두리라 하였느
니라 소망의 하나님이 모든 기쁨과 평강을 믿음 안에서 너희
에게 충만하게 하사 성령의 능력으로 소망이 넘치게 하시기
를 원하노라(롬 15:5-13)

사랑하는 여러분![13]

예수 그리스도의 교회는 군중, 인파, 모임으로서, 이를 표현
하는, 오래되었지만 아름다운 단어가 바로 '공동체'입니다. 우
리는 이 단어를 완전히 새로운 방식으로 철저하게 다시 배워야
합니다. 공동체란 공통 이익으로 묶여 있는 것이 아니며, 공통
의 피로 묶여 있는 것이 아니며, 심지어 공통된 입장이나 신념
으로 묶여 있는 것이 아닙니다. 우리의 성경 본문 처음부터 끝
까지에서 듣는 바로 그 음성으로 묶여 있습니다. 그 음성은 반
복적으로 울리고 있으며, 결코 이 세상의 다른 음성과 혼동되어
서는 안 됩니다. "**인내와 위로의 하나님이 너희로** …", "**소망의 하나
님이** … **너희에게**"[14] 이와 같이 우리에게 말씀하시는 그 음성, 그

---

[13] 여기서 사용된 독일어는 *Liebe Freunde*다.

[14] 나는 설교 전체에서 바르트의 강조 표시를 그대로 따랐다. 따로 KJV

토록 간절하고, 그토록 들려주고자 하는, 그토록 진지하고, 그토록 다정한 그 음성은 사도 바울이 말한 바와 같이, 하나님의 말씀, 하나님의 음성입니다. 예수 그리스도의 교회는 바로 그 음성으로부터 났으며, 그녀는[15] 그 말씀으로 양육받으며, 오로지 그 말씀만 먹어야 합니다. 하나님이 누구인지는 하나님만이 아십니다. 그리고 그분은 자신의 말씀으로, 자신이 인내와 위로와 소망을 주는 하나님이라는 사실을 우리에게 **말씀하십니다**. 하나님이, 우리에게는 하나님만이 필요하며, 다른 것은 필요가 없음을 그리고 그분을 이길 힘이 우리에게 없음을 알고 계십니다.[16] 하나님은 자신의 말씀으로, 우리의 생각과 갈망을 모으시며 우리가 그것들을 자신에게로 끌어와 간청해야 한다고 말씀하십니다. **주여 허락하소서! 주여 채우소서!** 그리고 **하나님**은 자신이 우리와 얼마나 가까우신지, 우리를 위해 얼마나 준비되어 계신지 알고 계십니다. 그분은 자신의 말씀으로 가장 가까운 곳에서 우

을 언급하지 않는 한 성경 인용은 내가 독일어 본문에서 직접 번역한 것이다(한국어판 번역은 모두 영어 원서에서 번역했다—역주).

[15] 독일어로 교회를 가리키는 명사의 성은 여성이다. 따라서 나는 여기서 여성 대명사를 사용했다. 영어에서도 교회는 *ecclesia*에 대한 관점에 따라 she나 it으로도 쓸 수 있다(라틴어 혹은 그리스어에서 *ecclesia*는 여성형 명사다—역주).

[16] 여기서 바르트는 '자신의 힘과 의지로 승리를 거둔 강력한 아리아인'이라는 나치의 개념에 도전한다.

리의 입술로 깊은 한숨을 내쉬며, 그분에 대한 가장 확실한 신
뢰로 이렇게 간청하라고 **말씀하십니다. 주여 허락하소서! 주여
채우소서!** 하나님이 스스로를 잘 알고, 우리를 잘 알고 계신다
고 말씀하시는 이 음성이 과거로부터 크게 울려 퍼지게 하십시
오. 사도 바울은 우리와는 너무도 먼 사람이고 성경 전체도 우
리가 읽는 그 어떤 책이나 신문과도 멀리 떨어져 있습니다.[17]
그럼에도 성경이 여전히 그 소식과 그 선포와 그 격려로 크게 울
려 퍼지고 있다면, 거기에 예수 그리스도의 교회가 있습니다.
그리고 이 목소리를 듣는 저 역시 교회의 "살아 있는 지체이며
영원히 그러할 것을 믿습니다"(하이델베르크 교리문답 54).[18]

　이번 주현절 기간 우리는 다음과 같은 내용을 생각해 보면
좋겠습니다. 우리를 위한 하나님의 말씀이 있다는 것, 위로와
인내와 소망의 장소로서 예수 그리스도의 교회가 있으며 그 교
회는 하나님으로부터 왔다는 것 말입니다. 우리는 이 사실들을
당연한 것으로 여길 수 없습니다. 이것은 어느 곳에나 있는 공
기와 같지 않습니다. 이것은 자연이나 역사를 통하여 우리에게
주어진 일반적인 진리가 아니므로, 삶 속에서 우리에게 익숙한

---

[17] 기독교에 대한 나치의 비판 중 하나는, 기독교는 옛 것, 시대에 뒤떨
　　어진 것, 과학 이전 시대에 속한다는 것이다. 바르트는 그러한 역사
　　적 사실에 대해서는 인정하나, 교회의 살아 있는 공동체 안에 성령
　　의 임재가 현존함을 강조한다.
[18] 교리문답에 대한 참조는 원문에 있다.

것처럼 여길 수 없습니다. 하나님의 말씀이 교회 안에 있다는 사실은 사람의 영적 삶이나 문화적 성취에 근거한 것도, **폴크**나 [19] 인종의 방식과 본성에 속한 것도, 세계사의 필연적 과정에서 발견되는 것도 아닙니다.[20] 그것은 오히려 하나의 신비입니다. 우리의 존재 자체가 밖에서 안쪽으로 덮인 것이지, 안쪽에서 밖으로 덮인 것이 아닙니다. 다시 말해, 이 신비는 우리 안에 있는 것이 아니라 전적으로 우리 위에 있는 낯선 힘과 능력에서 발견되는 것입니다.

교회가 있고 하나님의 말씀이 있다는 것은 참으로 진리입니다. 오늘 성경 본문의 "**그리스도께서 우리를 받았다**"고 하는 말씀처럼, 그분은 길거리에 버려진 우리를, 받을 만하기는커녕 도무지 그분에게 받아들여지지 않을 우리를 **받으셨습니다**. 우리는 선천적으로 받아들여진 것이 아니라, 고아가 고아원에 받아들여지듯 그분의 형제로 그리고 그분의 자녀로 **입양된** 것입니

---

[19] 나는 설교 전반에 걸쳐서 독일어 단어 *Volk*를 본문에 두거나 괄호로 병기했다. 그렇게 한 이유는 이것이, "공통 혈통이나 공통 기원을 가진 인종에 의해 형성된 이들의 공동체를 가리키는" 나치의 핵심 단어 중 하나이기 때문이다(Cornelia Schmitz-Berning, *Vokabular des Nationalsozialismus* [Berlin: Walter de Gruyter, 2007], p. 642). 나는 이 설교에서 이 단어의 사용을 나치 수사학과 기독교 수사학의 대립으로 본다(같은 이유로 한글 번역은 모두 '폴크'로 음역했다—역주).

[20] 여기서 바르트는 '폴크'와 인종에 대한 나치의 수사학을 거부한다.

다.[21] 그리고 우리는 하나님의 아들이신 그분이 인도하고, 통치하고 책임을 지고 창조하시는 곳으로 **인도함을 받았다**고도 할 수 있습니다. 그분만이 신경 쓰시고 돌보시는 그곳으로 말입니다.[22] 우리는 우리 자신의 의지로는 결코 이러한 영역으로 갈 수 없었을 것입니다.[23] 성탄절에 우리가 다시금 축하해야 할 메시지가 바로 이것입니다. 그리스도께서 우리를 **받으셨다**! 그리고 너무도 당연한 말이지만 **하나님의 영광**을 위해 우리는 입양되었습니다. 이것은 그저 자연 법칙에 따라서 이루어진 것도, 하나님이 우리를 필요로 해서도, 또한 우리의 필요나 욕구를 위해서도 아닙니다. 오히려 하나님 자신의 자유로 우리를 그의 아들로 말미암아 입양하시고, 받으시고, 취하시는 이 위대하고 놀라운 일을 하시는 것이 하나님에게 합당했기 때문입니다.[24] 그

---

[21] 여기서 바르트는 *aufnehmen, annehmen, mitnehmen, hineinnehmen* 등을 사용하면서 "받다"(*nehmen*)를 강조한다. 하나님은, 바르트가 사용하는 다양한 동사의 의미로 우리를 '받으신다'. 또한 이는 나치의 교만에 대한 도전이다. 나치는, 독일인에게는 사랑이나 연민으로 자신들을 받아들일 그 누군가도 필요없다고 본다.

[22] 그리스도가 통치하신다면, 우리는 두려워할 필요도, 초조해 할 필요도 없다.

[23] 여기서 또다시 바르트는 '가치가 없고 열등하다고 여겨지는 개개인들과 집단과 대비되는 아리아의 높은 가치'라는 나치의 사상을 공격한다.

[24] 바르트는 성육신의 기적을 설명하기 위해 모든 인간의 공로나 업적의 개념을 일축한다.

래서 거룩한 밤 천사들이 이렇게 노래했습니다. "지극히 높은 곳에서는 하나님께 영광이요 땅에서는 선한 뜻을 가진 사람들 중에 평화로다"(눅 2:14). 그렇습니다. 바로 하나님의 거룩한 뜻으로 말미암은 것입니다! 한편으로, 이 모든 것은 우리의 성경에 의하면 우리가 주목해야 할 이중적인 진리를 담고 있습니다.

그것은 참으로 모든 것을 포괄함을 의미합니다. 다시 말해, 그분은 하나님으로서 우리의 이웃이 되기 위해 인성을 취하시고 동시에 인간으로서 하나님의 이웃이 되셨습니다. 따라서 그분 안에서 하나님의 나라[25] 인간에 불과한 우리에게 가까이 다가옵니다(마 4:17). 그리고 그것은 인간에 불과한 우리가 하나님의 보좌 앞에 하나님을 기쁘시게 하는 백성으로 설 수 있음을 의미합니다. 하나님이 친히 예수 그리스도 안에서 인성을 입으셨기 때문에, 우리도 하나님의 말씀과 교회의 신비를 입습니다.

그러나 이것을 넘어서서 우리가 여기서 더욱 고려해야 할

---

[25] 여기서 나는 독일어 단어 *Reich*를 kingdom으로 번역하기로 했다. 독일어 *Reich*는 영어의 kingdom과 히틀러의 제3제국(Third *Reich*)처럼 '제국', 둘 다를 의미한다는 것을 기억할 필요가 있다. 분명 그 둘은 갈등 관계에 놓여 있었고 히틀러 제국에서 기독교인들은 제국에 대한 충성 맹세를 해야 할지 결정해야 했다. 독일 회중의 기독교인들이 그 단어를 서로 상반되는 것으로 들었을지, 아니면 그리스어 *basileia*를 아무런 정치적 암시 없이 그냥 번역했을 따름인지 알기란 어렵다 (한글 번역에서는 통상적으로 '하나님 나라'라는 표현이 사용되기에, *Reich*나 kingdom을 모두 '나라'로 옮겼다—역주).

중요한 사실이 있습니다. 우리(독일인—역주)가 예수 그리스도에게 속해 있고, 그분이 우리에게 속해 있다는 것이 명확하지 않다는 것입니다. **"그리스도께서 하나님의 진실하심을 위하여 할례를 따르는 자가 되셨으니 이는 조상들에게 주신 약속들을 견고하게 하시고."** 이것은 그리스도가 이스라엘 '폴크'에 속해 있음을 의미합니다.[26] 이스라엘 폴크의 피가 예수의 혈관에 흘렀습니다. 하나님의 아들의 피 말입니다. 그분이 인성을 취하실 때, 이 '폴크'를 택하심은 이 '폴크'를 위해서였거나 이 '폴크'의 피나 인종을 선호하였기 때문이 아니라, 진리를 위해, 즉 하나님의 성실하심과 신실하심을 나타내기 위해서였습니다. 완고하고 악한[27] 것

---

[26] 바르트는 자신의 청중들을 향해 예수가 유대인, 살과 피를 가진 실제 유대인이었다는 사실을 강력하게 상기시켰다. 그런데 인종 순결에 대한 나치의 관점에 따르면 유대인의 피는 조롱의 대상이었다. 이 지점에서 회중 중 많은 사람들이 항의하며 교회를 떠났다. Busch, *Bogen*, p. 168.

[27] 여기서 사용된 독일어는 *ein böses Volk*로, 의미상 '악한 백성'이다. 여기서 바르트는 거의 나치 이데올로기를 반영하는 듯한 언어로 이스라엘을 묘사하는 수사학적 살얼음판을 걷는다. 하지만 바르트의 목적은 유대인이든 기독교인이든 인간의 모든 공로 위에 하나님의 은혜와 자비가 있음을 강조하는 데 있는 듯하다. 출애굽기를 언급하는 데서 알 수 있듯, 하나님의 백성에 대하여 호의적이지 않은 이러한 표현은 예언자들의 문헌에서는 드문 일도 아니다. 신 32:5에서도 이스라엘은 "흠이 있고 삐뚤어진 세대"로 언급된다.

이 분명한(출 32:9),[28] 그러나 하나님이 언약을 맺고 임재하신, 비할 데 없는 구원의 약속을 주신 것이 분명한 오직 이 '폴크'와 더불어 말입니다. 예수님은 유대인에게 상이나 영예를 주기 위해서가 아니라, "조상들에게 주신" 하나님의 자유롭고 자비로운 약속의 확인과 성취를 위해서 **유대인이 되셨습니다**. 예수님은 자신에 대하여 직접 말씀하셨습니다. 자신은 이스라엘의 어린 양에게로 보내심을 받았다고, 오직 그들에게만 보내심을 받으셨다고 말씀하셨습니다(마 15:24; 10:5과 비교). 우리는 이스라엘이 아닙니다. 그러니 이것은 닫힌 문을 의미합니다. 하지만 만약 그 문이 열려 있다면, 그리고 그리스도가 우리에게 속하였고, 우리가 그분께 속해 있다면, 다음 구절은 어떤 특별한 의미로 이해되어야 할 것입니다. "**그리스도께서 우리를 받아 하나님께 영광을 돌리심과 같이.**" 유대 민족의 존재가 오늘날에 이르기까지 이 사실을 늘 우리에게 상기시켜 왔습니다.[29]

---

[28] 설교의 이 지점에서 바르트는 유대인을 감성적으로나 낭만적으로 대하기를 거부한다. 바르트는 이스라엘 백성을 비판하는 구약을 참조하며 하나님이 이스라엘을 받으시고 독일의 유대인을 받으시는 일은 기독교인을 받으시는 일과 별반 다르지 않음을 강조한다. 그것은 순전히 공로와 무관한 은혜다. 하나님은 그 당시에 이스라엘이 필요하신 것도, 오늘날에는 기독교인이 필요하신 것도 아니다. 그러나 이는 기독교인과 유대인을 분리하는 것이 아니라 오히려 연결시켜 준다. 이스라엘과 교회는 동일한 은혜를 공유한다.

[29] 역사 속에서 그리고 세계 속에서 특히 나치 독일과 1933년 동유럽에

프리드리히 2세(Frederick the Great)는 자신의 주치의인 침머만 (Zimmermann)에게 언젠가 물었습니다. 자신에게 신이 존재하는 지 딱 하나의 확실한 증거를 줄 수 있느냐고 말입니다. 그러자 침머만은 간결하게 이렇게 답했습니다. "폐하, 유대인이 그 증 거입니다!" 그가 옳았습니다. 유대인들이 존재한다는 사실 그 자체가, 우리는 유대인이 아니며, 따라서 우리는 "너희는 그리 스도 밖에 있었고 이스라엘 나라 밖의 사람이라 약속의 언약들 에 대하여 외인이요 세상에서 소망이 없고 하나님도 없는 자"(엡 2:12)라는 것을 우리에게 상기시켜줍니다. 그리고 유대인 은 특별하고 새롭고 놀라운 또 다른 사실, 우리가 "외인도 아니 요 나그네도 아니요 오직 성도들과 동일한 시민이요 하나님의 권속"(엡 2:19)이라는 것을 또한 상기시켜줍니다. 우리는 날 때부 터 이러했던 것이 아닙니다.[30] 너무도 이질적이고 너무도 불가 사의한 존재라고 할 수 있는 유대인들은 세상의 모든 '폴크 들'(Völkern) 중 하나님이 누구를 선택할 자유가 있으며, 동시에 우리 중 다른 누구를 선택할 의무도 없다는 것에 대한 생생한

서 유대인의 생존은 언약에 대한 하나님의 신실하심에 관하여 기뻐 하고 축하해야 할 근거가 된다. 유대인과 기독교인은 모두 그 사실에 또한 위로를 받는다. 독일 기독교인들은 유대인을 박해하기보다 존 중하고 높이며 환대해야만 한다. 나치는 환영하지 않겠지만, 기독교 인들은 반드시 듣고 숙고해야 하는 사상이다.

[30] 여기서 사용된 독일어는 *vom Hause aus*다.

증거입니다. 그런 그분이 우리를 선택하셨다면, 그것은 순전히 은혜입니다. 우리가 하나님이 살아 계시다는 이 준엄한 증거를 거부한다면, 또한 우리가 유대인들을 격렬하게 반대한다면, 그것은 곧 우리가 이러한 자유로운 은혜의 하나님을 거부하는 것이 될 수 있습니다![31]

그러나 여기에 특별하고 새롭고 기적과도 같은 일이 있습니다. 그리스도는 하나님의 진실하심을 위하여 할례를 따르는 자가 되셨으나(롬 15:8), 그럼에도 그가 우리를 받으셨다는 사실입니다. 선택받고 용서받은 '폴크'인 이스라엘이나 아니면 모든 시대 어떤 곳에 있는 그 어떤 '폴크'라 할지라도 구속자를 대하는 것은 별반 다르지 않았을 것입니다.[32] 이스라엘은 그분을 거부하였고, 그분을 십자가에 못 박았습니다. 그러나 그것은 어리석은 성급함 때문이거나 오해 때문이 아닙니다. 그들이 늘 하나님을 대하던 방식과 그저 똑같았을 뿐입니다.[33]

---

[31] 하나님의 은혜는 기독교인과 유대인을 하나로 묶지만, 나치의 혐오는 유대인을 독일인과 분리시킨다.

[32] 나치가 유대인을 반대하며 사용한 논증 중 하나가 유대인들이 "그리스도 살해자들"이라는 것이었다. 하지만 바르트는 어떤 문화권이라도 똑같은 짓을 저질렀을 것이라고 논증한다. 1세기 일부 유다 지역 거주민들의 예수에 대한 거부는 인간의 하나님 거부를 반영한다.

[33] 이스라엘의 하나님 거부에 대한 언급이다. 바르트는 자신의 청중들이 저 문제가 많았던 역사를 기독교인의 행동과 다르게 판단하기 보다 오히려 처음에는 하나님 그리고 다음에는 예수님을 거부한 유

하나님이 이 '폴크'를 '나의 폴크'라고 부르셨다는 사실은 다시 한번 그리고 최종적으로 '내 폴크가 아니라'(호 1:10)는 말씀에서 입증됩니다. 하지만 예언자 호세아는 정반대의 것을 말합니다. 그리고 그리스도의 십자가에서 이는 사실이 되었습니다. "너희는 내 백성이 아니라 한 그 곳에서 그들에게 이르기를 너희는 살아 계신 하나님의 아들들이라 할 것이라"(호 1:10). "아버지여 저들을 사하여 주옵소서 자기들이 하는 것을 알지 못함이니이다"(눅 23:34). 이것이 골고다에서 이 폴크에게 하신 말씀입니다. 그러나 더 이상 이것은 이 '폴크'에게만 선포되는 것으로 그치지 않습니다. 이스라엘이 여느 '폴크'와 다를 바 없는 것처럼, 다른 모든 '폴크'는 이스라엘처럼 됩니다. 닫혔던 문이 열린 것입니다. 이스라엘 자신이 그 문을 열어야 했습니다. 하나님의 언약과 진리가 파괴된 것이 아니라 이스라엘 안에서 그리고 이방인들 안에서도 성취되었습니다. 이방인들은 이제 하나님의 자비를 그분의 언약과 진리의 사역으로 인정하고 받아들였습니다. 왜냐하면 언약의 성취, 하나님의 신실하심이 그리스도의 십자가에서 이루어졌기 때문입니다. "하나님이 **모든** 사람을 순종하지 아니하는 가운데 가두어 두심은 **모든** 사람에게 긍휼을 베풀려 하심이로다"(롬 11:32).

대인들과 자신들을 동일시하기를 바라고 있다.

그리고 그렇기에 더 나아가 "이방인들도 그 긍휼하심으로 말미암아 하나님께 영광을 돌리게 하려 하심이라"(롬 15:9)라고 하는 것입니다. 그러나 잘 들으십시오. 이는 이방인들이 유대인들보다 더 선하다거나, 더 순수하다거나, 더 의롭다는 것이 아닙니다! 만약 그때에 유대인의 나음이 있었다면, 그것은 오늘날에도 마찬가지입니다. 그것은 그들의 어떤 더 나은 속성들 때문이 아니라, 하나님이 **그들을** 선택하시고 **그들과** 언약 맺기를 기뻐하셨기 때문입니다. 그리고 하나님은 그리스도 안에서 이루신 그 언약을 우리와도 맺고자 하십니다. 그러므로 이방인들이 하나님께 영광을 돌리게 됨은, 하나님이 **자비를** 이스라엘 가운데서 십자가에 못 박힌 그리스도 안에서 **이방인들에게** 보여 주시고 확증하셨기 때문입니다. 이제 이스라엘뿐만 아니라 이방인을 위해서도 이스라엘과 맺은 그 언약은, 신실하지 못한, 자비 외에는 살 길이 없으며 이제는 자비로 말미암아 삶이 허락된 **죄인들을 위한** 은혜의 언약임이 계시되었습니다. 여기서 이스라엘의 유리함과 우리의 불리함은 끝이 납니다. 정통 유대인들은 오늘날에도 여전히, 하나님이 오로지 자신의 백성과만 맺은 언약은, 자기 백성이 그리스도를 거부함으로 말미암아, 모든 자를 위해 행하고자 하시는 자유롭고 불의 없는 선(善)이라는 사실이 드러났음을 이해하지 못하고 있습니다. 하지만 바울은 말합니다. 이것이 바로 언약이라고! 그리고 바울은 저 옛 언약의 책이 이방인들 가운데 있는 하나님의 영광을 말하고 증언하였다고 합니다.

> "그러므로 내가 열방 중에서 주께 감사하고 주의 이름을 찬송
> 하리로다."
> "열방들아 주의 백성과 함께 즐거워하라."
> "모든 열방들아 주를 찬양하며 모든 백성들아 그를 찬송하라."
> "이새의 뿌리 곧 열방을 다스리기 위하여 일어나시는 이가 있
> 으리니 열방이 그에게 소망을 두리라."

이처럼 그리스도는 우리로 하여금 하나님을 찬양하고 영광을 돌리게 하기 위해 우리를 받으셨습니다. "구원이 유대인에게서 남이니라"(요 4:22). 예수님은 유대인이었습니다.[34] 예수님은 우리의 죄(요 1:29 참고)와 유대인의 죄를 포함하여 온 세상의 죄를 지시고 자신에게로 옮기심으로써, 유대인으로부터 오는 구원이 우리에게도 이르게 하셨습니다. 하나님의 말씀이 존재한다는 것과 예수 그리스도의 교회가 존재한다는 것만으로도 기뻐할 수 있는데, 이 문이 그토록 넓게 열렸으니 얼마나 기쁩니까? 그러므로 우리가 유대인에 대하여 생각할 때마다, "이방인

---

[34] 이 짧고 단순한 문장이 설교의 핵심이다.

들도 그 긍휼하심으로 말미암아 하나님께 영광을 돌리게 하려 하심"이라는 사실을 특별히 더 생각해야 하지 않겠습니까?

성경 본문이 예수 그리스도에 대하여 말해주는 또 다른 것을 생각해 보겠습니다. "그리스도께서 우리를 받아 하나님께 영광을 돌리심과 같이 너희도 서로 받으라." 이 말씀에는 예외가 없습니다. 이는 명령입니다. 엄격한 그리고 유연하지 않은 명령입니다.[35] 이방인과 유대인, 하나님의 자비로 말미암아 그리스도가 받아주셨고 하나님을 찬양해야 할 모두는 이 명령을 지켜야 합니다. 유대인과 이방인 모두가 서로를 영접해야 합니다.[36] 너희도 서로 받으라는 말의 의미는 그리스도가 우리를 바라보듯 우리가 다른 사람들을 바라보아야 한다는 것을 의미합니다. 그리스도는 우리를 언약의 위반자로 보실 뿐만 아니라 그럼에도 하나님이 여전히 자신의 언약을 이어가고자 하는 대상으로 보십니다. 그리스도는 우리의 경건하지 못하고 세속적인 모습을 보시지만 동시에 하나님 나라가 우리 가까이에 온 것으로도 보십

---

[35] 나치 독일은 법과 명령에 익숙했다. 여기서의 기독교인의 순종은 나치의 복종과 대조된다.

[36] 독일인들이 유대인을 거부하지 않고 맞아야 한다는 주장은 나치 독일에서는 급진적인 것이었다. 하지만 바르트는 더 나아간다. 독일의 기독교인들은 스스로를 유대인 이웃들이 맞아들이게 해야 한다. 유대인과 기독교인은 함께 연합되어 있다. 인종에 대한 나치의 가르침은 하나님이 언약으로 묶은 둘을 떼어놓을 수 없다.

니다. 그리스도는 우리가 자비를 베풀도록 명령받은 자로 보실 뿐만 아니라 이미 자비를 경험한 자로 보십니다. 그리스도는 우리를 참 하나님과 싸우는 유대인으로, 거짓 신들과 아무렇지 않게 살아가는 이방인으로 보시지만 동시에 우리를 한꺼번에 "살아 계신 하나님의 자녀"(호 1:10)로 보시기도 하십니다.

분명한 것은 우리는 우리의 힘만으로는 서로를 그렇게 볼 수 없다는 것입니다. 만약 우리가 우리의 눈만으로 서로를 바라보게 되면 두 가지 진리를 놓칩니다. 우리의 눈만으로는 우리가 언약의 위반자라는 첫 번째 진리와, 그럼에도 불구하고 하나님은 언약을 지키신다는 두 번째 진리, 이 두 가지를 볼 수 없습니다. 우리는 서로에게서 잘난 점과 못난 점을 지나치게 받아들입니다. 우리는 우리 자신을 지나치게 높이거나 혹은 지나치게 낮춥니다. 어느 쪽이든 우리는 서로를 받아들이지 못합니다. 그렇게 되면 우리는 교회가 아니라 시장에 서 있는 것입니다.[37] 그리고 그렇게 되면 하나님의 말씀이 들리지 않습니다. 그러나 하

---

[37] 바르트는 로마서에 대한 자신의 주석에서도 시장과 상인의 은유를 사용한다. 시장은 인간적 가치가 지배하는 세계지만, 신성한 상인이신 하나님은 훨씬 높은 기준을 사용하신다: "신성한 상인이 스스로를 위해 사야 할 만큼 높은 가치를 부여할 만한 인간의 의의 형태는 없다." Karl Barth, *The Epistle to the Romans*, trans. Edwyn C. Hoskyns (Oxford: Oxford University Press, 1968), p. 63 [= 『로마서』, 복있는사람, 2017].

나님의 말씀이 잠잠하지 않을 때, 우리가 하나님의 영광을 위해 예수 그리스도께 받아들여졌다는 것을 생각할 때, 그때에 우리는 예수 그리스도의 눈으로 서로를 바라봅니다. 이 말은 언약에 대하여 우리의 신실함은 깨지기 쉽다는 것, 우리의 불경함과 비참함이 보인다는 것을 의미하며, 동시에 우리 모든 사람 위에는 흔들리지 않는 하나님의 신실함이 보인다는 것을 뜻합니다. 우리는 서로의 잘난 모습이나 못난 모습, 칭찬할 만한 점이나 저주를 들어 마땅한 점에 상관없이 (그러한 것들이 타당하다 할지라도) 서로를 환대해야만 하며 함께 신실하지 못한 우리를 향한 하나님의 신실하심을 찬양해야 합니다. 우리가 서로를 그렇게 본다면 우리는 서로를 받아들일 수 있으며 참으로 그것이 예수 그리스도의 교회 안에 있는 것이라 할 수 있습니다. 그리스도의 교회란, 예수 그리스도가 우리를 받아주셨듯 서로를 받아주는 공동체, 인내와 위로와 소망의 하나님의 말씀을 듣는 공동체입니다. 그리스도의 교회란 '성도의 교제'입니다. 하나님의 자비에 대한 찬양이 성도를 하나로 모았고 또한 일어날 모든 일을 통해 하나가 될 것입니다. 성도의 결속은 우정이 만드는 결속도, 공통 사상이 만드는 결속도, 민족이나 인종 집단이 만드는 결속도 아니며, 정치적 국가가 만드는 결속과도 다릅니다.[38] 성도의 결

---

[38] 기독교 신앙은 나치나 국가 이념보다 훨씬 강하게 결속한다.

속은 주님 자신을 통하여 온 세상의 그리스도의 지체가 됨으로 이루어집니다(골 2:19). 이제 무엇을 위해 기도해야 할지 본문을 통해서 살펴봄으로써 마치도록 하겠습니다.

가장 먼저 기도해야 할 것은 이것입니다. 여러분은 **예수 그리스도에 대하여 하나가 되어 한목소리로 우리 주 예수 그리스도의 아버지 하나님께 영광을 돌려야 합니다.** 이것이 의미하는 바는, 그리스도가 우리를 받아주심과 같이 우리도 서로 받아들여야 한다는 사실에 근거하여, 예수 그리스도의 교회에서 하나님의 자비에 대한 찬양이 크게 울려 퍼짐으로써, 이미 하나님의 긍휼을 입었음을 아직 알지 못하는 자들에게도 그것이 전달되어, 그들이 이 사실을 깨닫도록, 오직 하나의 생각과 뜻만이 모든 이들 안에 생생하게 역사해야 한다는 결론에 이르러야 한다는 것입니다(물론 이것은 획일화된 사상과 뜻을 말하는 것이 아니라 오히려 서로 다른 생각과 뜻의 연합을 말합니다).[39] 그리고 이 목적은 반드시 '한목소리로 하나 되어' 이루어져야만 할 것입니다. 즉, 이는 예수 그리스도의 교회는 들은 말씀을 함께 **분별하여** 함께 **고백하는** 하나의 공동체가 되어야 한다는 것을 의미합니다.

교회는 그래야 합니다! 그런데 그렇게 합니까? 한다면 도대체 어디에 그런 분별과 고백이 있습니까? 만약 하지 않는다면,

---

[39] 바르트의 위대한 문장 중 하나. 천천히 읽으며 즐기길 바란다.

왜 하지 않습니까? 성경 본문은 교회가 이와 같이 분별하고 고백하는 교회가 **되기**를 기도하라고 말씀하고 있습니다. 우리가 이를 위해 다시 한번 **합심하여 기도해야 합니다!** 그러면 기도한다는 것은 무슨 뜻입니까? 소리치고 외치고 또 외쳐서 그리스도께서 우리를 받아주셨다는 그 진리가 단번에 그리고 영원히 우리를 위한 진리가 되게 하는 것입니다. 만약 진지하게 그렇게 기도를 한다면, 번개 친 후에 천둥이 울리듯, 기도 후에 교회의 분별과 교회의 고백이 뒤따르게 될 것입니다.

우리가 기도해야 할 또 다른 것이 있습니다. 바로, "소망의 하나님이 모든 기쁨과 평강을 믿음 안에서 너희에게 충만하게 하사 성령의 능력으로 소망이 넘치게 하시기를" 기도해야 합니다. 이것이 의미하는 것은, 그리스도가 우리를 받아주심과 같이 우리도 서로 받아들여야 한다는 사실에 근거하여, 예수 그리스도의 교회에서는 모든 기쁨의 결핍이 기쁨의 충만이 되며, 모든 불화가 평화가 되고, 현존하는 모든 괴로움이 결국에는 주님의 현존에 대한 소망에 삼켜진다는 것입니다. 우리 가운데 냉랭하고 완고한 기쁨의 결핍, 불화, 비참함이 있기 때문에 우리 교회에 신앙고백과 분별이 없는 것입니까, 아니면 우리의 교회가 신앙고백과 분별이 없기 때문에 그러한 완고한 기쁨의 결핍, 불화, 비참

함이 우리 가운데 있는 것입니까?[40] 여기에는 분명 어떤 상관
관계가 있습니다. 그러므로 우리가 교회를 위해 기도해야 한다
고, 교회 안에 기쁨과 평화가 넘치도록 그리고 (우리의 능력이 아니
라 성령의 능력으로) 충만하고 넘치는 소망에 참여하도록 기도해야
한다고 말씀을 듣는 것이 마땅합니다. 그리고 우리의 기도는 그
리스도가 우리를 받으셔서 하나님의 영광에 이르게 하셨다는
사실이 우리에게 감추어져 있지 않기를 바라는 탄식이어야 할
것입니다. 만약 이 사실이 우리에게 숨겨져 있으면, 우리는 서
로를 받아들이기 힘들 것이며, 우리가 서로를 받아들이지 못한
다면 어떻게 우리에게 평화, 기쁨, 소망이 있을 수 있겠습니까?
이것들이 지금 우리 문 앞에서 기다리고 있습니다. 우리가 지금
구해야 할 저 한 가지를 간절히 구한다면 우리에게 평화와 기쁨
과 소망이 주어질 것입니다.

많은 사람이 이 특별한 시기에 교회가 무엇을 놓치고 있는
지 그리고 우리가 교회에서 무엇을 놓치고 있는지에 대하여 그
어느 때보다 심각하게 고민하고 있습니다. 그런데 성경 본문은
이것에 대해 말하기보다 오히려 단순히 기도할 것을 말합니다.
본문은 우리에게 인내와 위로와 소망의 하나님, 교회의 주님께
기도하라고 말하고 있습니다. 우리가 이 말씀을 듣고 기도해야

---

[40] 말과 행동으로 자신의 신앙을 고백한다는 의미에서의 신앙고백
(*Bekenntnis*). 그렇기에 '고백 교회'다.

하고, 또 기도가 허락됐으며 실제로도 기도할 수 있다고 한다면, 교회 안에 혹은 교회 안에 있는 우리에게 **부족하지 않은** 단한 가지 결정적인 것이 있다는 것만은 분명해집니다. 즉, 교회는 이 **단어**, 기도로부터 탄생했다는 것입니다. 우리에게 교회가 할 수 있는 것 중 한 가지, **기도**가 있다는 말씀을 듣는다면(약 5:16 참고), 우리에게 참으로 하나님의 말씀이 **있다**는 증거입니다. 이것을 꼭 **붙들기를** 바랍니다! 우리는 하나님의 말씀이 우리에게 명한 바를 해야 합니다! 교회 안에 있는 우리에게 닥친 이 시간은,[41] 아마도 우리로 하여금 그 어느 때보다 더욱 기도하는 법을 배우도록, 그로 말미암아 우리가 간직하고 있는 바를 잘 지키게 하기 위함일 것이라 믿습니다.

---

[41] 제3제국 내에서의 교회 투쟁.

'깨진 유리의 밤'에 관한 설교

헬무트 골비처(Helmut Gollwitzer)

설교에 앞서서

헬무트 골비처(1908-93년)는 바이에른(Bayern)에서 태어나 뮌헨에서 신학을 공부하기 시작했다. 그는 스위스 바젤(Basel)의 카를 바르트 밑에서 박사 학위를 받았는데, 그 전에는 에를랑엔(Erlangen), 예나(Jena), 본(Bonn)에서 공부했다.[1] 1937년 학업을 마친 후, 그는 고백 교회에 가입하였고 1937년 6월, 마르틴 니묄러(Martin Niemöller) 목사가 체포된 후 베를린-달렘(Berlin-Dahlem) 교

---

1. http://en.wikipedia.org/wiki/Helmut_Gollwitzer; (2010년 8월 9일 접속). 별도의 명시가 없는 전기 정보는 위키피디아(Wikipedia)에서 가져온 것이다.

회의 목사가 되었다. 이미 이 시기에 골비처는 신학자로 이름을
알린 상태였고 또한 많은 사람이 그를 "그 시대의 가장 중요한
설교자"로 여겼다.[2] 골비처의 설교들은 니묄러의 설교 못지않게
결코 나치에게 일말의 동정심도 주지 않았다. 얼마 지나지 않아
게슈타포(Gestapo)는 그를 베를린에서 추방하고 제3제국 내 모든
곳에서의 연설을 금지(Reichsredeverbot)시켰다.[3] 그러나 그는 군대
에 의무병으로 자원함으로써 이러한 제한의 어려움을 피했다.[4]

전쟁이 막바지에 이르렀을 때, 러시아군은 골비처를 포로로
잡았고 그는 4년을 수용소에서 보냈다. 그 경험에 대하여 쓴 그
의 책은 독일에서 베스트셀러가 되었다. 이듬해부터 그는 본 대
학에서 가르쳤고(1950-57년) 그리고 후에는 베를린 자유 대학에
서도 가르쳤다. 그는 대학에서 강의뿐만 아니라 베를린-달렘 교
회에서 설교도 했다. 골비처는 그의 책들, 출판된 설교집들, 그
리고 기타 다른 글들을 통해 국가 재건과 경제 호황의 경험을
바탕으로 서독 자본주의에 대한 유명한 비평가가 되었다. 또한
그는 베트남 전쟁을 비판했고 서방과 소련의 군비 경쟁에 대해
서도 반대했다.

2.   Wilhelm Niemöller, *Aus dem Leben eines Bekenntnispfarrers* (Bielefeld: Ludwig Bechauf Verlag, 1961), p. 211.

3.   Niemöller, *Leben*, p. 234.

4.   http://www.independent.co.uk/news/people/obituary-helmut-gollwitzer-1512367.html.

골비처는 1990년 설교에 대한 견해에 관하여 글을 쓰면서 다음과 같은 사실을 인정했다: "다른 어떤 형태의 연설도 그렇게 진지하지 않으며, 우리의 전체 실존에 도전하거나 심지어 그것을 위험에 빠뜨리지도 않습니다. 다른 어떤 형태의 연설도 설교처럼 그 말이 행동의 형태를, 즉 청중의 역사에 개입하는 형태를 취하지 않습니다."[5] 1920년대부터 설교를 배운 그는 쭉 "설교자가 처한 상황의 심각성"에 대한 확신을 가졌다.[6] 그리고 그것은 본서에 실린 그의 설교에도 적용된다. 이 설교는 1938년 11월 8-9일, 유대인 학살 계획이었던 **깨진 유리의 밤** 이후 일요일에 이루어졌다. 그 설교는 강력했으며, 동일한 날에 행해진 율리우스 폰 얀(Julius von Jan)의 설교와 같이 예언자적인 목소리를 내어 독일인들에게 회개를 촉구하면서 죄악이 무서운 결과를 낳게 된다는 것을 상기시켜주었다. 오늘이 아니고, 내일도 아닐 수 있지만, 하나님의 정의는 반드시 **깨진 유리의 밤**이라는 죄악에 대하여 가혹하게 심판할 것이다. 그날 아침 기독교 회중들에게 던져진 질문은 간단했다. '하나님의 진노가 제3제국에 파괴하는 폭풍처럼 임할 때 어느 편에 설 것인가?' 이 설교는 그리스도인들에게 분명한 선택권을 준다. 나치의 편에 설 것인가, 아

---

5.   Helmut Gollwitzer, *The Way to Life: Sermons in a Time of World Crisis*, trans. David Cairns (Edinburgh: T. & T. Clark, 1981), p. xi.

6.   Gollwitzer, *The Way to Life*, p. xi.

니면 그리스도와 유대인의 편에 설 것인가. 우리는 본문을 통해서 그날 밤 나치의 폭력으로 인해 회중의 일부가 사랑하는 사람을 잃었음도 알 수 있다.

설교문: '깨진 유리의 밤'에 관한 설교[7]

요한이 요단 강 부근 각처에 와서 죄 사함을 받게 하는 회개의 세례를 전파하니 선지자 이사야의 책에 쓴 바 광야에서 외치는 자의 소리가 있어 이르되 너희는 주의 길을 준비하라 그의 오실 길을 곧게 하라 모든 골짜기가 메워지고 모든 산과 작은 산이 낮아지고 굽은 것이 곧아지고 험한 길이 평탄하여질 것이요 모든 육체가 하나님의 구원하심을 보리라 함과 같으니라 요한이 세례 받으러 나아오는 무리에게 이르되 독사의 자식들아 누가 너희에게 일러 장차 올 진노를 피하라 하더냐 그러므로 회개에 합당한 열매를 맺고 속으로 아브라함이 우리 조상이라 말하지 말라 내가 너희에게 이르노니 하나님이 능히 이 돌들로도 아브라함의 자손이 되게 하시리라 이미 도끼가 나무 뿌리에 놓였으니 좋은 열매 맺지 아니하는 나무마다 찍혀 불

---

7. 1938년 11월 16일 회개의 날(Bußtag), 깨진 유리의 밤이 지난 일요일, 독일의 베를린-달렘에서 행해진 설교다.

에 던져지리라 무리가 물어 이르되 그러면 우리가 무엇을 하리이까 대답하여 이르되 옷 두 벌 있는 자는 옷 없는 자에게 나눠 줄 것이요 먹을 것이 있는 자도 그렇게 할 것이니라 하고 세리들도 세례를 받고자 하여 와서 이르되 선생이여 우리는 무엇을 하리이까 하매 이르되 부과된 것 외에는 거두지 말라 하고 군인들도 물어 이르되 우리는 무엇을 하리이까 하매 이르되 사람에게서 강탈하지 말며 거짓으로 고발하지 말고 받는 급료를 족한 줄로 알라 하니라(눅 3:3-14)

사랑하는 성도 여러분![8]

설교할 권리가 이제는 아무에게도 없습니까? 그날에 대한 회개를 선포해야 하지 않습니까? 바로 이 날, 우리 입에 재갈이 물려있는 것입니까? 우리가 할 수 있는 것이 침묵 외에 없다는 말입니까? 설교를 하고 설교를 듣는 것이 우리에게, 우리 민족에게, 우리 교회에, 어떤 유익을 가져다 주는지 모른단 말입니까? 지난 오랜 세월, 수 세기의 설교를 통해서 우리가 이 자리까지 오게 된 것이 아닙니까? 그런데 하나님이 우리 민족에게 그토록 많은 성공을 허락하신 것의 유익이 무엇입니까? 불과 두 달 전[9] 우리가 기쁨으로 받은 평화의 선물이 무슨 소용입니까?

---

[8]   여기서 사용된 독일어는 *Liebe Gemeinde*다.

[9]   1938년 9월 29~30일 히틀러와 체임벌린 사이의 뮌헨 협정에 대한

우리가 방금 읽은 십계명의[10] 모든 계명 하나하나가 마치 망치로 우리를 후려쳐 바닥에 쓰러뜨리는 것 같습니다. 그 평화에 대한 보고와 회개의 날이 얼마나 순식간에 분리되었습니까! 그 당시 우리는 바로 이 자리에서 새로운 평화가 회개를 위한 새로운 공간을 열어줄 것이라 이야기했습니다. 그런데 고작 몇 주가 지난 지금, 상황은 어떻게 되었습니까?

우리는 이 기간을 어떻게 보냈습니까? 만약 우리가 하나님을 찬양하고, 성경을 읽고, 기도하고, 설교하고, 우리의 죄를 고백한다면, 즉 그분이 실제로 여기 계신다는 것과 이것이 단순히 공허한 종교 활동 그 이상이라는 것을 우리가 믿는다면, 우리가 하나님께 감히 무엇을 예상할 수 있겠습니까? 우리의 무례함과 건방짐은 그분에게 역겨운 것입니다. '입을 다물어야 하는 것이 아니냐?' 네, 그렇게 하는 것이 옳을지도 모르겠습니다. 그러면 우리가 한 시간 동안 여기 앉아서 한 마디도 하지 않고, 노래하지 않고, 기도도 하지 않고 이미 우리가 받은 것이나 다름없는 하나님의 형벌을 기다리는 것은 어떻습니까? 그 형벌이 너무도 명백하게 드러난 경우, 우리가 "하나님, 어떻게 우리한테 이런 일이 일어나게 하셨습니까?"라며 소리를 지르고 욕을 하지는 않겠지요. 그런데 우리 중 눈이 멀어 하나님이 허락하신 일과

언급.

[10] 이 일요일에는 십계명을 소리내어 읽는 것이 전통이었다.

우리가 초래한 일 사이의 연관성을 보지 못할 사람이 얼마나 되겠습니까? 우리는 실제로 그 형벌이 우리에게 닥쳤을 때, 다음과 같이 말할 준비를 해야 합니다. "여호와여, 우리의 죄가 이것을 얻게 하였나이다"(렘 14:7 참고).[11]

제가 여러분에게 이렇게 말씀드리는 이유는, 제가 이런 말을 좋아해서가 아닙니다. 이는 피할 수 없는 저의 의무이기 때문입니다.[12] 여러분 모두가 듣기 위해 앉았으므로, 다른 시대의 다른 사람의 말도 함께 들어보겠습니다. 세례 요한이 자신의 시대에 그의 백성에게 한 말을 같이 들어봅시다. 그리고 언제나 그러했듯 그가 어떻게 오늘날 우리에게도 계속해서 말씀하고 계신지도 주목해 봅시다. 왜냐하면 세례 요한이 자신의 시대에, 자신의 백성에게 한 말은 오늘날, 이 회개의 날, 우리에게도 그대로 적용되기 때문입니다. 여러분 모두는 아마도 분명히 하나님이 여러분의 삶에 찾아 오셔서, 그분이[13] 유대인 '폴크'를 돌보듯, 우리의 교회와 이 '폴크'를 돌보시기를 바라고 계실 겁니다. 그것은 곧 이 '폴크'와 이 교회는, 저 '폴크' 및 저 교회와는 조금도 다르지 않은 동일한 방식으로 대우받을 것을 의미합니

---

[11] 죄는 현재와 아무리 무관한 것 같아도 언젠가 반드시 심각한 결과를 가져온다는 주장에 주목하자.

[12] 우리는 여기서 성경 본문이 설교자에게 불편한 진실을 말하도록 허락하는 자유를 본다.

[13] 독일어로는 대문자로 쓰였다.

다.[14] 여기 있는 모두가, 한 사람 한 사람이, 하나님의 이름을 자신의 입술로 부르는 모두가 이것을 인정할 수 있기를 바랍니다![15]

하나님 나라가 임하는 곳, 그 입구 앞에 세례 요한이 서서 다음과 같은 엄중한 외침으로 이 좁은 문을 지키고 있습니다. "독사의 자식들아, 누가 너희에게 일러 장차 올 진노를 피하라 하더냐?" '회개'라는 단어는 좁은 문으로 들어가게 해주는, 우리 시대의 가장 멸시받는 그러나 가장 중요한 단어입니다.[16] 이 시대의 누구도 회개하기를 원하지 않습니다. 하지만 바로 이 회개하지 않으려는 마음에서 우리는 우리 시대의 은밀하게 숨어 있는 비참함을 발견합니다. 우리 시대가 이 단어를 용납할 수

---

[14] 여기서 독일어 *Volk*는 인종적 의미와 민족주의적 의미 둘 다를 지닌 나치 어휘의 핵심 단어였기 때문에 강조되어야 한다. 독일 *Volk*에 의해 유대인에 대한 그토록 끔찍하고 폭력적인 사건이 있은 후 이 일요일에 유대 *Volk*를 하나님이 돌보신다는 설교를 듣는 것은 분명 엄청난 무게감이 있었을 것이다.

[15] 한편으로는 유대인 메시아인 예수의 이름으로 하나님께 기도하면서, 다른 한편으로는 학살 사건에 대하여 무관심하거나 순응하는 위선은 도가 지나치다. 하나님께 기도한다는 것은 하나님처럼 이 백성을 돌봐야 한다는 것이어야 한다.

[16] 나치는 자신들이 나약함의 표시라고 여겼던 행동들에 대하여 회개하거나 용서를 구해야 하는 기독교인들의 약함을 비웃었다. 나치는 그 어떤 것에 대해서도, 특히 유대인 혐오와 유대인에 대한 폭력을 결코 회개하지 않았다.

없기에, 인간과 인간을 이어주는 가장 중요한 것이 깨지고 흩어집니다.[17] 회개란 다른 사람에게 자신의 권리를 부여하는 능력이고, 자신의 잘못, 자신의 죄를 시인하는 능력이며, 다른 사람이 아닌 자기 자신에게서 죄에 대한 책임을 묻는 능력이며, 다른 사람에게는 관대하나 자신에게는 엄격한 능력입니다. 그러나 이러한 능력이 한 사람, 두 사람에게 점점 더 불가능한 것이 되어버리고 있고, 우리를 측정해야 할 하나님의 기준들은 사람들에게 가리워지고 있습니다. 그래서 사람과 사람 사이의 참된 친교가 깨지고 각 사람은 흩어졌습니다.[18] 저들은 자신들의 집단들이 마치 흑과 백처럼 서로 반대되는 것이 아니라는 사실을 알려고 하지 않습니다. 하나님 앞에서 자기 잘못을 시인할 수 없는 사람이 다른 사람 앞에서 시인할 수 없습니다. 그리고 그 뒤를 이어 광기, 스스로가 신이 되기 위해 다른 사람을 악마로 만드는 박해의 광기가 시작됩니다.[19] 회개가 멈추는 곳에서부

---

[17] 분노와 살인으로 가득했던 밤이 지나고 유대인 상점들과 회당들의 창문들이 깨어져 흩어진 모양새에 대한 직접적인 언급이다. '크리스탈나흐트'(*Kristallnacht*)는 "깨진 유리의 밤"(the night of broken glass)으로 번역된다.

[18] 골비처는 다시금 그 끔찍한 밤을 암시하고 있다. 깨지고 흩어진 창문들과 유대인들의 삶과 더불어 독일의 기독교도 깨지고 흩어졌다.

[19] 나치 프로파간다의 전체 목적은 유대인을 악마로, 나치를 신으로 만드는 것이었다.

터 비인간성이 시작됩니다. 집요한 자기 정당화와 자기 용서를 추구하고 강화하는 동안 모든 유대 관계가 깨집니다.

회개의 요청은 **광야**에서 나옵니다.[20] 인간의 기준(standards)과 이해 관계가 무의미해지는 광야로부터, 우리 각자의 죽음의 순간에 그러하듯 그것들이 우리의 시야에서 사라지게 될 바로 그 광야로부터 나옵니다. 사람들이 일상에 몰두하는 곳이든, 자신의 욕망에 둘러싸여 있는 곳이든, 자신의 행위를 판단하는 기준이 가시적 유용성과 개인의 성공인 곳이든, 어느 곳에 있든 하나님의 이러한 부르심은 참으로 광야로부터의 외침이자 광야로 소환하는 초청입니다. 하나님은 우리로 하여금 삶을 부정하도록(negation of life) 부르십니다. 우리 시대가 회개를 일종의 삶의 부정으로 볼 수 있다면, 그것은 그리 엇나간 것은 아닐 것입니다. 회개는 우리가 스스로 중요하게 생각하는 것을 없애는 것입니다. 회개는 우리의 관심사와 고려를 무자비하게 없애버립니다. 회개는 우리가 우리에게 유리하게 말하고자 하는 모든 것을 말라비틀어지게 합니다. 회개하는 사람은 자신의 삶을 부정하는 사람입니다. 세례 요한으로부터 세례를 받기 위해 요단 강으로 오는 사람은 이렇게 말하는 것과 다름없습니다. "나는 물에 **빠져** 죽어야만 하는 사람입니다." 여기서는 그 어떤 잘난 활동

---

[20] 강조는 원문의 것.

도 헛됩니다. "내 상처가 썩어 악취가 나오니 내가 우매한 까닭이로소이다. 내가 아프고 심히 구부러졌으며 종일토록 슬픔 중에 다니나이다. 내 죄악이 내 머리에 넘쳐서 무거운 짐 같으니 내가 감당할 수 없나이다"(시 38:5, 6, 4). 회개는 내가 사형 선고를 받았다는 것에 대한 무서운 발견입니다. 회개는 내가 그러한 사형 선고에 '네'라고 답할 수밖에 없음을 의미합니다. 나 자신이 그러한 선고로 인해 외적으로, 그리고 나의 죄로 인해 내적으로 정죄를 받은 것입니다. 회개를 하면, 내 삶이 외적으로뿐만 아니라 내적으로도 소멸되고 파괴됩니다. 외부의 공격을 막고 내적으로는 내 스스로에 대한 공격을 막는 나의 모든 방어 무기가 사라집니다. 나는 이렇게 고백해야 합니다. "**옳습니다.**[21] 지금 내게 일어나는 이 모든 일이 전적으로 옳습니다." 그리고 한 걸음 더 나아가 더한 것이 내게 닥칠 수도 있겠지만 내게 일어날 모든 일이 전적으로 타당하다고 말해야 합니다.

이는 결코 사람이 자기 힘으로 취할 수 있는 태도가 아닙니다. 이는 어느 날을 선택하고 또 다른 날로 여유롭게 바꿀 수 있는 그런 식의 사고 방식이 아닙니다. 오직 우리를 향해 외치는 부르심만이 우리를 거기까지 끌고 올 수 있습니다. 이는 마치 한밤중 자신에게로 포복하며 기어오는 군인을 발견한 적의 경

---

[21] 강조는 원문의 것.

비병이 소리 지르는 것과 같습니다. 우리는 들켰습니다. 그러면 누가 그 문제에 대해 느긋이 이야기할 수 있겠습니까? 누가 그 자리에서 얼어붙지 않을 수 있겠습니까? 누가 파멸로 이어지는 이 길에서 도망가지 않겠습니까?

"뱀들아!"[22] 온 백성을 향해 한 말입니다. 우리가 아는 바에 의하면, 이 '폴크'는 오늘날 우리와 비교할 때 크게 더 나쁠 것이 없습니다.[23] 저들은 타국의 압제자로부터의 독립을 위한 정당한 전쟁에 휘말린 '폴크'였으며, 하나님의 율법을 듣고 따르기 위해 부지런히, 진지하게 애쓰는 그런 민족이었습니다. 만약 세례 요한이 오늘날에도 같은 외침을 던진다면, 아마도 그는 민족의 악명 높은 배신자라고 비난을 받을 것이 뻔합니다.[24] 한편 분명 요한이라면 자신이 개신교회의 연합 전선에 의해 민족의 공공연한 수치스러운 적으로 정죄받을 것을, 모든 교회 연합이 그를 끊어낼 것을 예상할 것입니다. 실상 그의 시대에 백성들도 그에게 분노하여 이렇게 소리쳤을 겁니다. "요즘 시대에 수백 년 전의 예레미야같이 말하는 것이 말이 되느냐? 당시에는 정

---

[22] 강조는 원문의 것.

[23] 이런 식으로 유대인들과 독일인들을 비교하는 것은 당국자들에게 환영받을 일은 아니었을 것이다.

[24] 헬무트 골비처, 파울 슈나이더(Paul Schneider), 디트리히 본회퍼(Dietrich Bonhoeffer), 바르트(Barth) 등을 포함한 많은 목사에게 곧 일어날 일이었다.

당했을지 몰라도 오늘은 아니다. 우리는 이미 새롭게 된 '폴크'
다.[25] 그러니 회개라는 이 고리타분한 말이 우리와 무슨 상관이
있느냐!" 이 세례 요한이 예레미야와 같은 운명을 맞이하지 않
은 것이 이 '폴크'에게는 그야말로 하나님의 은혜였습니다. 온
'폴크'가 세례 요한의 부름에 복종하여 광야의 그에게로 나아가
세례를 받았습니다. 저는 단언컨대, 회개하라는 요한의 외침이
그 시대의 대다수에게 큰 흥미를 끌지 못했다고 확신합니다. 어
느 시대나 죄에 대한 진지한 고백과 기도를 국가의 프로파간다
와 맞바꾸는 사람이 있습니다. 스스로를 기독교인이라 생각하
면서도 이 회개의 외침에 대해 화를 내는 사람이 있다면, 적어
도 그 사람은 자신이 하나님의 기준을 현재의 정치적 프로파간
다와 맞바꾸었고 하나님의 정의의 제단을 자신의 국가의 자기
정당화의 제단으로 대체했음을 깨달아야 합니다.[26]

　"독사의 자식들아!" "위선적이고, 유독하며, 기어다니는 벌
레들아!" 개개인, '폴크', 교회가 하나님 나라의 입구 앞에서 이
말을 듣고 있습니다. 세례 요한은 자신과 거리를 둔 사람에게
이 말을 하지 않았습니다. 오히려 광야의 자신에게로 나온 사람
들에게 그는 이 말을 했습니다. 진심으로 세례를 받고자 나온

---

[25] '새롭게' 된 나치에게는 죄도, 회개도 없었다.
[26] 이러한 수사적 그물은 독일 기독인과 많은 친나치 기독교인을 걸려
　　들게 할 것이다.

사람들이 이런 식으로 대우를 받고 이런 소리를 들은 것입니다. "하나님이 너희를 보는 것만으로도 역겨움을 느끼신다." 확실히 오늘날 우리도, 그냥 악이 아니라 도덕을 잘 차려입은 악을 볼 때, 천한 본능과 혐오와 복수가 위대하고 선한 것인 양 행진하는 악을 볼 때의 역겨운 느낌을 잘 압니다.[27] 그러한 악으로부터 우리를 숨겨주기에 충분히 깊은 참호는 없는 듯합니다. 그런데 광야로 나온 자들이 이 말을 들었습니다. 하나님이 **우리를** 이렇게 보십니다.[28] 우리에 대한 하나님의 혐오가 바로 정확히 이와 같습니다. 그리고 여러분 모두가 천국의 문 앞에서 고작 이런 식의 인사를 받을 것입니다. 그러나 **그가**[29] 그렇게 하는 것이 잘못입니까? 이 진리가 아무리 우리에게 감추어졌고, 우리가 우리 스스로 그것을 시험할 수 없었다 할지라도 그에게는 여전히 잘못이 없습니다. 이 방식은, 이 말을 들은 사람이 천국의 소명을 받았음을 보여 줍니다. 그리고 그는 우리가 우리 스스로를 보는 것과 하나님이 우리를 보는 것은 전적으로 다르다는 것을 알며, 또한 우리나 다른 사람들이나 모두 동일한 시궁창에 던져졌음을 압니다. '독사의 자식들아!'

하지만 그것이 우리에게 완전히 감추어진 것도 아닙니다.

---

[27] 나치의 행진과 집회를 떠오르게 한다.

[28] 강조는 원문의 것.

[29] 독일어로는 대문자로 쓰였다.

현재의 전선이 단순하게 유죄와 무죄, 흑과 백이라는 범주에 속하지 않는다는 것을 경고하는 징후는 넘쳐납니다. 우리는 동일한 죄책감에 갇혀 있고, 우리의 얼굴은 수치로 붉어졌으며, 우리는 공통의 불명예에 시달리고 있습니다. 우리 모두의 내면이 다 그러합니다. 올곧은 남자와 여자도 사나운 짐승으로 돌변할 수 있다는 진리는 우리 각각의 내면에 어느 정도 감추어져 있습니다. 우리가 그렇게 했습니다. 누군가는 겁쟁이로,[30] 누군가는 모두에게 쉽게 길을 내어줌으로, 누군가는 지나가 버림으로, 누군가는 침묵함으로, 누군가는 눈을 감음으로, 누군가는 다른 사람의 필요가 공개적으로 명백해질 때에만 반응하는 게으름으로, 누군가는 모든 선행을 가로막을 만큼 지나친 신중함으로, 누군가는 온갖 불쾌한 시선이나 온갖 위협적인 영향력으로, 누군가는 굳이 용기 내어 관여하지 않더라도 모든 것이 좋아질 것이라는 바보 같은 희망으로 말입니다.[31] 이 모든 면을 따져보면, 우리가 노력하지도 않고 수고하지도 않을 때, 우리는 하나님과 우리의 이웃을 향한 충분한 사랑을 포기해 버린 죄 많은 인간임이 폭로됩니다.

---

[30] 마치 **땡땡땡** 하고 종이 울리듯 '~로'를 통해, 아홉 종류로 비판하는 이 긴 문장의 수사학적 힘에 주목하라.

[31] 분명 회중의 기독교인들은 자신들의 편안함과 안전을 위험에 **빠뜨**리지 않고도 상황이 나아질 것이라는 희망으로 모든 일을 해왔다.

"누가 너희에게 닥칠 진노를 피하라고 경고하였느냐?" 현재 큰 고통을 겪고 있는 사람, 여기에 있었을 수도 있는 사랑하는 사람을 잃은 사람, 지금 여기 무거운 짐을 지고 한숨을 쉬는 사람이라도 모두가 이 경고의 질문을 들어야 합니다. 이 질문을 듣는 것이 이 슬픔을 축복으로 바꿀 수 있는 유일한 길입니다. 왜냐하면 우리는 이 질문을 통해 오늘날의 고통 속에서 다가올 진노의 예표를 깨닫기 때문입니다. 이것은 모든 개별 사건마다, 그에 맞는 죄책을 결정할 수 있다는 얘기가 아닙니다. 오히려 이 질문 속에서 떨림으로 이 모든 일에 대하여 유죄인지 아닌지 스스로 인정하고 고백하게 된다는 얘기입니다. '과연 나는 그리스도를 위해 이 고난을 당했는가, 아니면 그리스도와는 아무 상관이 없는가?' 어쨌거나 하나님은 상상하는 것 이상으로 진지하게 대가를 요구하고 계십니다. 하나님은 내가 보는 것과는 다르게 나를 보십니다. 나는 내 앞에 있는 것만 볼 수 있지만 하나님은 내가 볼 수 없는 내 마음을 꿰뚫어 보십니다. 인간은 회개할 때에야 비로소 다가오고 있는 것을 볼 수 있습니다. 그것은 바로 우리를 향한 역겨움으로부터 오는 하나님의 진노입니다. 어떤 경고의 질문을 이 질문과 감히 비교할 수 있겠습니까? "누가 너희에게 닥칠 진노를 피하라고 경고하였느냐?"

하지만 바로 이때가 축복의 때입니다. 마치 사냥꾼이 손뼉치며 토끼를 놀라게 하듯, 하나님의 치시는 심판이 우리 각자를, 우리 '폴크'를, 우리 교회를 놀라게 하여 평화롭지도 안전하지도 않다는 것을 깨우칠 때, 무서운 일들이 여러분을, 사랑하는 친구들을, 사랑하는 사람들을, 사랑하는 교회를 일상에서 "내가 어디로 가며 어디로 피하리이까?"와 같은 두려운 질문으로 몰아넣을 때, 이때가 좋은 때입니다. 그리고 이것은 실로 우리의 때입니다. 왜냐하면 우리는 이 질문에 대한 답이 없으면 안 되기 때문입니다! 우리는 세례 요한의 질문으로 인해 그에게로 나아온 사람들이 당황하는 모습을 느낄 수 있습니다. 왜냐하면 저들이 다가올 진노를 피하라는 말을 들었기 때문입니다. 저들이 그에게 나아가라는 말을 듣지 않았더라면, 저들은 분명 오지 않았을 것입니다. 하지만 화를 피할 유일한 가능성이 그에게 있습니다. 그가 세례를 베푸는 곳에서, 사람들은 물에 잠겨 죽을 뿐만 아니라 정화되어 생명으로 인도됩니다. 세례 가운데 천국의 두려운 도래가 거대한 기쁨으로 바뀌고, 두려운 주님의 날이 축제가 됩니다. 회개에 속하는 삶의 부정은 실상 삶에 대한 어마어마한 긍정으로부터 오는 것입니다. 회개하는 사람은 자신의 삶을 부정합니다. 왜냐하면 그런 사람은 그것이 얼마나 하나님께 혐오스러운 것인지 알기 때문입니다. 동시에 그 사람이 회개로 부르심을 받은 것은, 하나님은 그를 이 역겨운 상태로 그냥 두지 않으실 것을, 하나님은 오래전 자신에게 역겨운 그 삶도 이미 인정해 주셨다는 것을 의미합니다. 그러므로 하나님은 독사의 자식들을 사랑하셨으며, 자신의 독생자를 주셨습니다. 이는 그를 믿는 자마다 멸망치 않고 영생을 얻게 하기 위함입니다!

그러므로 회개의 '아니오'라는 부정은 가장 희망적인 '네'로부터 옵니다. 우리는 세례 가운데서 죽음과 부활, 아니오와 네, 공포와 기쁨, 지옥과 천국, 이 모든 것이 하나로 묶여 있음을 발견합니다. 그렇기에 이것이 '죄 사함을 얻게 하는 회개의 세례'인 것입니다. 죄 용서와 더불어, 진노의 도래와 진노 그 자체의 예표라고 할 수 있는 여러분의 현재 고통과 비참함 앞에 생명의 벽이 세워집니다. 여러분의 이전 삶과 다가오는 진노 사이의 연결이 이제는 끊어졌습니다. "사슬이 풀렸습니다. 우리가 풀렸습니다!"[32]

두 개의 질문이 요한의 회개 요청에 있어서 핵심적입니다. 첫 번째 질문은 다가오는 진노로부터 피하는 것과 관계가 있습니다. 그 목적은 우리를 몇 번이고 씻어내는 데 있습니다. 따라서 우리는 감사한 마음으로 이렇게 답해야 합니다. "하나님이 친히 우리로 하여금 이 다가올 진노를 피하라고 말씀하셨다. 하

---

[32] 여기서 사용된 독일어는 *Strick entzwei, wir sind frei*이다. 나의 영어 번역("The noose is loose; free the goose")은 운율과 의미를 둘 다 반영하고 있다. 독일어 원문의 문자적 의미는 '줄이 둘로 끊어졌다. 우리는 자유다'이다.

나님이 친히 우리에게 세례 요한이 가리키는 자, 곧 세상 죄를 지고 가는 어린 양, 그리고 십자가에 못 박히신 주를 향하게 하셨다. 바울은 그분에 대하여 이렇게 말하였다. '우리가 아직 죄인이었을 때에, 그리스도께서 우리를 위하여 죽으셨으니 우리를 향한 하나님의 그 사랑을 찬양하라. 그러므로 우리가 그의 피로 의롭게 되었으니 진노로부터 더욱 안전하리라'"(롬 5:8-9).[33]

두 번째 질문은 그 이후에 일어나는 관심사에 대한 것입니다. **"그러면 우리가 무엇을 하리이까?"**[34] 이에 대한 대답으로 세례 요한은 여러분의 눈앞에 여러분의 이웃에 대한 용서를 제시합니다. 회개하지 않으려는 마음은 여러분의 이웃에게로 건너가게 하는 다리를 파괴합니다. 그러나 회개가 이 다리를 재건합니다. 그런데 이 이웃은 세상이 볼 때 도와줄 가치가 있을 정도로 탁월하지 않습니다. 그 이웃이 우리의 도움을 받을 자격이 있다는 말은 어디에도 없습니다. 이웃과 여러분 사이에 인종이나 '폴크'나 특별한 이해관계나 계층이나 심지어 동정심의 공통된 유대가 있다는 얘기도 없습니다.[35] 세례 요한이 지적하는 것은

[33] 여기서 나는 독일어 성경 본문을 번역했다(한글 번역도 그 의도에 따라 원서의 본문을 직역했다—역주).
[34] 강조는 원문의 것.
[35] 나치 독일에서 인종의 중요성에 의문을 갖는 것은 마치 천둥소리와도 같았을 것이다. 지금 여기서 골비처는 나치즘이 유대인에 비해 우

단 한 가지입니다. 누군가를 내 이웃으로 만드는 유일한 것은 단 한 가지입니다. 내가 가진 것을 누군가 갖지 못했다면 그가 바로 내 이웃이라는 것입니다. 당신에게는 옷이 두 벌 있는데, 이웃은 한 벌도 없습니다. 당신은 먹을 것이 있는데, 이웃은 먹을 것이 없습니다. 당신은 보호를 받지만, 이웃은 아무런 보호를 받지 못합니다. 당신은 명예가 있지만, 이웃은 명예를 뺏겼습니다. 당신은 가족도, 친구도 있지만, 이웃은 철저히 혼자입니다. 당신은 돈이 있는데, 이웃은 빈털터리입니다. 당신에게는 누울 곳이 있는데, 이웃은 집이 없습니다.[36] 이 모든 것 외에도, 이웃은 여러분의 자비에, 여러분의 탐욕에(세리의 사례에서 우리 스스로를 돌아봅시다!), 여러분의 권력에(군인의 사례에서 현재의 우리를 돌아봅시다!) 달려있습니다.

이제 세례 요한은 우리에게 세례를 베푼 후, 그렇게 하나님의 혐오감과 진노가 소멸된 후, 우리를 해산시킵니다. 세례 요한은 하나님의 놀라운 일을 경험한 자들로서 우리를 파송합니다. 세례 요한은 우리를 다시 원래의 삶으로 돌려보내고 하나님

월하다는 모든 과시에 반대하고 있다.

[36] 이 일요일에, 비록 직접 단어로 언급하진 않았지만, 골비처가 여기서 유대인을 암시하고 있었다는 것은 너무도 분명했다. 그리고 여기서 골비처는 본회퍼의 에세이 '교회와 유대인 문제'를 반영하고 있다(본서 제1부 참고). 이는 당면한 위기를 다루는 성경 본문의 강력한 실례 중 하나다.

이 거기서, 즉 가난한 이웃과 함께 우리를 기다리고 계심을 가르쳐 줍니다. 가장 현실적인 방법으로 하나님은 우리에게 이렇게 말씀하십니다. "네게 있는 것을 나누어, 가진 것이 없는 자가, 네가 누렸듯이, 그도 너의 자비를 누리게 하라." 세례 요한은 우리에게 말합니다. '더 이상 예전과 같아선 안 된다. 오래된 경주를 다시 시작하라. 이 민족의 회개의 날은 가치가 없다. 열매 맺지 못하는 나무는 열매 없는 채로 남을 것이다.' 세례 요한은 말합니다. 만약 지금이 너무 고통스럽고 두렵다면, 그러나 하나님의 말씀이 우리에게 무언가를 말씀하고 있다면, 많은 것이 달라질 것이라고. 정말로 많은 것이 달라지지 않겠습니까? 오늘날 우리를 압박하면서 그렇게 가까이 다가온 성경의 경고들이 과거보다 더 힘 있게 다가오지 않습니까? 성경의 경고들은 너무도 현실적입니다. 너무도 일상적입니다. 그래서 너무도 불편합니다. '불평하지 말고 친절하게 대해라!' '박해하는 자들을 도리어 축복해라!' '할 일에 대해 게으르지 마라!' '말주변 없는 자들을 위하여 연설하고, 버림받은 사람들을 위해 입을 열라!'

　　하나님은 우리가 행동하는 것을 보기 원하십니다. 그러나 하나님은 우리가 다가오는 진노를 그러한 행동으로 피할 수 있다고 생각할 때면 가차 없이 저주하십니다. 하나님은 그리스도의 은혜로 말미암아 하나님의 진노로부터 벗어난 사람들의 행동, 선한 일을 보기를 원하십니다. 하나님이 그러한 행동을 보지 못하신다면, 그분이 우리에게 허락하신 모든 것이 우리에게서 사라지는 것을 보고만 계실 것입니다. 이 민족의 회개의 날이 하나님의 마지막 제안일지도 모릅니다. 지금 이 교회 밖에 있는 우리 이웃이[37] 우리를 기다리고 있습니다. 당장 필요한 것들이 있어서, 보호를 받지 못해서, 수치스러워서, 배고파서, 사냥당해서, 심지어 자신의 실존 그 자체로 인해 겁이 나서 우리를 기다리고 있습니다. 바로 저 이웃은, 이 기독교 회중이 과연 이 국가의 회개의 날을 진실로 지키는지 보고자 합니다. 그리고 예수 그리스도께서 친히 그것을 보고자 하십니다. 아멘.

---

[37] 나치 독일의 이 일요일에, 회중의 모든 사람은 자신들에게 도움을 구하는 이웃이 다름 아닌 자신들의 '유대인' 이웃임을 잘 알았을 것이다.

장애인 학살 프로그램의 희생자를 위한 설교

게르하르트 에벨링(Gerhard Ebeling)

설교에 앞서서

게르하르트 에벨링(Gerhard Ebeling, 1912-2001년)은 루돌프 불트만(Rudolf Bultmann)과 에밀 브룬너(Emil Brunner) 등과 같은 저명한 신학자들 아래서 신학을 공부했다. 핑켄발데(Finkenwalde)의 지하신학교에서는 디트리히 본회퍼도 그의 스승 중 한 명이었고, 분명 거기서의 훈련은 그의 사유와 설교에 강력한 영향을 미쳤을 것이다. 전쟁이 끝난 후 그는 튀빙엔(Tübingen)에서 처음에는 교회사 교수로, 그리고 나중에는 조직신학 교수로 활동했다. 후에는 1938년 신학 박사 학위를 받았던 취리히(Zürich) 대학교의 교

수가 되었다.[1]

1955년에 에벨링은 제3제국에서의 설교 모음집을 출판했는데, 본 설교도 거기로부터 가져온 것이다. 그는 서문에서 다음과 같이 설명한다. 에벨링은 어느 한 신앙고백 그리스도인 모임을 위해 처음으로 설교했다. 그들의 교회는 교회 투쟁으로 인해 분열되었는데, 극단적인 튀링엔(Thuringian) '독일 기독인들' 중한 회원이었던 목사가 강단에서 내려오지 않았다. 에벨링은 고백 교회의 편에 선 자들을 위해 예배당으로부터 떨어진 협소한 어느 한 공간에서 예배를 인도했다.[2] 에벨링은 그 설교 모음집을 『불법의 설교들』(Predigten eines Illegalen)이라고 제목을 붙였다. 그러나 이는 그가 고백 교회의 합법적인 목사가 아니었기 때문도, 교회가 그에게 안수하지 않았기 때문도 아니었다. 그것은 베를린-브란덴부르크(Berlin-Brandenburg)의 '불법의' 신앙고백 총회 때문이었다.[3]

전쟁이 발발한 직후 에벨링은 의무병으로 군대에 징집되었다. 놀랍게도 그의 부대가 1945년 4월 20일에 불타는 도시인 베

---

1. "Gerhard Ebeling," in Wikipedia (2006년 7월 28일 접속). 그의 전기에 대한 개요적인 정보는 별도의 명시가 없는 한 위키피디아의 해당 항목을 기반으로 한다.

2. Gerhard Ebeling, *Predigten eines "Illegalen": 1939-1945* (Tübingen: J. C. B. Mohr [Paul Siebeck], 1995), p. iv.

3. Ebeling, *Predigten eines "Illegalen,"* p. iv.

를린을 탈출하기 전까지 그는 이따금 목사로도 봉사할 수 있었다.[4]

에벨링 자신이 저 설교 모음집 서문에서 밝혔듯이, 그는 작은 책으로 설교들을 출판하기로 마음먹었는데, 왜냐하면 설교들 중 하나가 이미 별도로 출판되었고, 분명 사람들이 다른 설교들에도 관심을 가질 것이라고 생각했기 때문이었다.[5]

그가 말한 그 특별한 설교는 특정 개개인의 삶을 쓸모없고 처분할 수 있는 것으로 판단하는 나치즘의 끔찍한 측면을 다루고 있다. 처음에는 T4로 알려진 악명 높은 프로그램은 초기 여섯 개 기관을 넘어서서 동쪽의 강제수용소들로 확장되었는데, 나치는 이것을 통해 1940년부터 약 10만 명을 조직적으로 살해했다.[6] 많은 다른 경우와 마찬가지로 여기서도 우리는 나치의 끔찍한 언어 오용을 확인할 수 있다. 공공이송협회(*Gemeinnützige Transportgesellschaft*)가 환자의 이송을 감독했고, 실제로 가스실 살인을 담당한 곳은 기관돌봄공공재단(*Gemeinnützige Stiftung für Anstaltspflege*)이었다.[7]

나치는, 번역하기에 따라 다소 달라지는 악명 높은 문구인

4.　Ebeling, *Predigten eines "Illegalen,"* p. v.

5.　Ebeling, *Predigten eines "Illegalen,"* p. v.

6.　J. S. Conway, *The Nazi Persecution of the Churches: 1933-1945* (Vancouver: Regent College Publishing, 1968), p. 267.

7.　Conway, *Persecution*, p. 268.

'레벤스운베르테스 레벤'(lebensunwertes Leben)에 따라, '살 가치가 없는' 혹은 '삶에 부적합한' 존재로 간주되는 개개인을 목표물로 삼았다. 제3제국과 같은 허무주의적인 다원주의 사회에서는 가치의 사다리와 같은 어떤 삶의 계급이 있어서 어떤 유형은 꼭대기에, 또 다른 어떤 유형은 바닥에 둔다. 즉, 건강한 아리아인은 그 피라미드의 꼭대기에, 유대인들은 바닥에 있다. 나치들은 거기서 멈추지 않고 바닥에 가까운 사람들을 타인의 의존도에 따라 또 등급을 매겼다. 사랑이 아무런 의미를 갖지 못하는 세상에서, 무력한 사람, 특별한 도움이 필요한 사람들에 대한 돌봄이라는 개념은 아무런 가치도, 공로도 되지 못했다. 다시 말해 정신적으로나 육체적으로 장애가 있는 사람들은 사회의 고름으로 여겨졌다. 그러나 1929년에 히틀러가 말했듯 독일은 여전히 "약자"가 강자의 손해에 기대어 살아가는 "현대의 감성적 인도주의"(modern sentimental humanitarianism)가 압도적이었다.[8]

심지어 히틀러는 독일인들이 강제적인 '안락사' 프로그램을 용납할 수 없을 것이며 그러한 시도는 전쟁이 일어나기 전까지는 보류해야 한다는 것을 알고 있었다. 나치 사회에서 원치 않는 인간들에 대한 대량 학살은 비밀리에 그리고 완곡한 은폐 가

---

8. Michael Burleigh, *The Third Reich: A New History* (New York: Hill and Wang, 2000), p. 382. (위 본문에 기록된) 페이지 숫자는 Burleigh의 글의 위치를 가리킨다.

운데 진행되었다(383쪽). 목표물로 노려진 환자들은 그저 6개의 살인 시설 중 한 곳으로 이송되었고 거기서 그들은 샤워를 하는 도중 가스를 들이마셔야 했다(385, 391쪽). 가스로 인해 7만 명의 살인 목표가 완수되자, 히틀러는 환자들을 가스보다는 "굶기거나 약물"로 죽이라고 명령했다(402쪽). 유대인 학살과는 극명하게 대조적으로, 무력한 '독일인들' 학살에 대해서는 저항이 있었다. 전체 프로그램을 기밀로 유지하려는 노력에도 불구하고 소문이 새어나오기 시작했다. 가족들이 거짓된 사망 원인들을 나열한 가짜 사망 증명서들을 받아들이지 않았기 때문이다. 성직자들도 매우 의심스러워했으며, 심지어 어떤 이들은 이에 대하여 조사하기도 했다(399쪽). 1940년 12월, 교황 비오 12세(Pius XII)는 이 정책을 정죄했고, 뮌스터(Münster)의 주교 폰 갈렌의 숨김없고 용감한 설교들은 공식적으로 가난한 사람들과 환자들을 정부가 살해하고 있다는 사실에 대하여 경고했다(402쪽).

1940년 6월, 베를린의 다른 회중에 속해 있던 한 부부가 자신의 아들인 귄터 로트만(Günter Rottman, 1906년생)이 정부에 의해 살해당했다는 소식을 듣고 목사인 에벨링을 찾아왔다. 그들은 에벨링에게 아들이 베를린 병원에 한동안 입원했다가 자신들이 알지도 못하는 사이에 오스트리아 렌츠(Lenz) 근처의 한 기관으로 이송되었으며 1940년 6월 23일에 갑자기 사망했다는 이야기를 들려주었다.

정부는 그 부부에게 아들의 유골 단지를 보냈다. 그들은 에벨링에게 자신의 아들의 추도식을 부탁했고, 에벨링도 최선을 다했다. 에벨링은 추도식을 준비하면서 베를린에 다른 유사한 사례는 없는지 많은 문의를 했다. 곧이어 그는 이러한 살인 행위가 널리 퍼져 있다는 것을 알게 되었다. 고백 교회 내에서 그가 가진 만남들을 통해 에벨링은 나치 정부의 본부인 총통관저(Reichskanzlei)에 보낼 성명서를 준비해야겠다는 마음을 먹었다.[9]

에벨링은 추도사 설교에서 사회의 '작은 자'에 대한 예수의 환대를 '모든 인간은 하나님의 사랑받는 자녀이지 일회용품이나 버릴 쓰레기가 아니라는 관점'으로 보라는 명령으로 활용했다. 또한 그는 이러한 비극 가운데서 하나님이 어디에 계셨는가와 같은 도전적인 질문을 제기하기도 했다. 여기에 대한 대답은 설교의 결론부에서 간접적으로 만날 수 있다.

설교문: 장애인 학살 프로그램의 희생자를 위한 설교[10]

삼가 이 작은 자 중의 하나도 업신여기지 말라 너희에게 말하

---

9.   Ebeling, *Predigten eines "Illegalen,"* pp. 97-98.

10. 1940년 7월 17일, 독일의 베를린-헤름스도르프(Berlin-Hermsdorf)에서 행해진 설교다.

노니 그들의 천사들이 하늘에서 하늘에 계신 내 아버지의 얼굴을 항상 뵈옵느니라(마 18:10).

　　여러분이 여러분의 아들과 형제의 유골을 땅에 바쳐야만 하는 이 시간의 어두움은 너무도 잔인합니다. 늙고 장수한 사람이 죽으면 그래도 그 고통은 완화됩니다. 왜냐하면 생명이라는 것이 성숙한 뒤에는 마치 적절한 때의 곡식단처럼 거두어지는 것이기 때문입니다. 또 누군가가 그의 생명을 어머니로서, 전문 직업인으로서, 군인으로서 희생적으로 바친 것이라면, 그 죽음에는 의미가 있음을 되새기는 것이 슬픔을 극복하는 데에는 도움이 됩니다. 어떤 사람이 오랜 질병 후에 죽거나 아니면 예기치 않게 우리 앞에서 갑자기 죽음을 맞이하게 될지라도, 우리는 그에게 끝까지 사랑을 베풀 수 있을 것이고 또한 기도와 성찬을 통해,[11] 죽어가는 그를 위한 공동의 준비를 함으로써 (비록 오늘날에는 드물지만) 기독교인의 교제를 그 사람과 더불어 가질 수 있을 것입니다. 그리고 나면 임종 직전의 순간, 죽음의 어두움을 변화시키는 평화가 찾아오게 될 것입니다.

　　그러나 이와 같이 슬픔을 완화하는 것들 중 마치 맑은 하늘에 모든 것을 소멸하는 번개가 치듯 갑자기 예상치 못하게 여러

---

[11] 당대의 나치 이교 관습(paganism)을 의미하는 것일 수도 있고, 전쟁 사상자들에 대한 언급일 수도 있다.

분에게 닥친 상실에 적용될 수 있는 것은 없습니다. 저들이 남긴 쪽지에 의하면 이 죽음은 시설에 평생 머무를 여러분의 사랑하는 아들에게 자비를 베풀었으며, 이 소식이 여러분을 위로하기를 바란다고 하지만, 그런 쪽지는 아무런 쓸모도 없을뿐더러, 오히려 자세한 내용은 여전히 알지도 못한 채, 집에서 멀리 떨어진 곳에서 들려온 이 죽음을 더욱 어둡게 만듭니다. 그리고 이 어둠의 깊이는 이렇게 도전합니다. '도대체 이 죽음에 대한 하나님의 뜻은 무엇인가?' 이것은 어느 한 예언자의 말과 같은 것일까요? "여호와의 행하심이 없는데 재앙이 어찌 성읍에 임하겠느냐?"(암 3:6) 만약 그렇다면, 하나님의 뜻과 하나님의 행동은 너무 어둡고, 가장 불길한 밤처럼 깜깜합니다! 도대체 하나님은 왜 이토록 이해하기 어려운, 세속적인 시각에서뿐만 아니라 믿음의 시각으로도 이해하기 어려운 사건에 스스로를 숨기셨을까요?

이 죽음으로 말미암아 잃어버린 그 생명은 어떤 의미를 갖습니까? 여러분의 아들은 여러분에게 맏아이로 태어났고 우리를 축복하고 생명을 창조하시는 하나님과의 우정의 표식으로 주어졌습니다. 여러분은 그 아이를 데려와 세례를 받게 함으로써, 그 아이의 생명을 스스로의 힘이 아닌 하나님의 은혜에 기초하여 거듭나게 했습니다. 여러분은 자신의 재능과 능력을 자기 자신만을 위해 쓰지 않고 다른 사람을 위해 희생해야 한다고 느끼는 훌륭한 아이와 함께 즐거워했습니다. 그는 처음에는 새로운 정치적 운동의[12] 열광적 지지자였고, 실제로 이러한 열정으로 건강을 다소 희생하게 되었습니다. 그리고 그가 병을 얻은 것이 여러분에게는 큰 괴로움이 되었을 것입니다.[13] 그러나 그고통과 함께 사랑은 깊어져 갔습니다. 마치 그 사랑은 하나님의 사랑과도 같았습니다. 아흔아홉 마리의 양을 남겨두고 잃어버린 양 한 마리를 위해 불타오르는 그 사랑, 그 한 마리를 팔에 안고 돌보고 기뻐하는 그 사랑 말입니다. 하나님의 사랑은 너무도 특별하기에, 그 사랑은 사랑받을 가치가 있는 사람을 향하기보다, 사랑받을 필요가 있는 사람들을 향합니다.[14] 그리고 진정한 부모의 사랑은 이러한 하나님의 사랑을 반영합니다. 여러분에게 슬픔과 고통으로 가득찬 이 시간들은 이러한 부모에 대한

---

[12] 나치는 나치즘을 '운동'(Movement)이라고 불렀음을 떠올려보라.

[13] 에벨링은 이 병에 대한 세부 정보를 제공하지 않는다. 아마도 여기에 참여한 가족들은 상황을 알았을 것이므로 굳이 설교에서 더 많은 정보를 제공할 필요는 없었을 것이다. 그러나 문맥을 고려해 보면, 아마도 그 청년은 일종의 정신질환을 겪었던 것으로 추측해 볼 수 있다. 질병이 무엇이든 간에, 그것은 나치 철학으로 하여금 그 청년을 '삶에 부적합한 존재'로 간주하고 결국에는 살해를 정당화하도록 만들었다.

[14] 여기서 에벨링은 독일어 *würdig* ("존엄한")를 사용한다. 나치는 그러한 사람들을 자신들의 기준에 따라 살아 있을 가치가 없는, 무가치하고 쓸모없는 인간으로 만들었다. 피해자가 처음에 나치즘을 지지했다는 것은 비극적인 아이러니다.

시험으로 가득 찼으며, 마침내 그 동일한 시간들이 여러분과 여러분의 아들에게는 다시 모든 것이 좋아질 것이라 희망하는 큰 위로의 시간이기도 했습니다. 그러나 결국에는 작별 인사도 하지 못한 채, 갑자기 헤어짐이 찾아왔고, 당신의 아픈 아들이 어디에 있는지 알지도 못하는 끔찍하고 고문하는 듯한 16일이 지났습니다. 그리고 약 4일 전, 죽음이라는 참담한 소식이 있었고, 결국 여러분이 그토록 많은 사랑과 희생으로, 그토록 슬픔과 동시에 소망으로 돌보았던 그 생명은 한낱 유골로 우리에게 돌아왔습니다.

그러나 우리가 모인 것은 이미 벌어진 일에 대하여 사색하기 위함이 아닙니다. 우리의 어둠과 사색을 향해 하나님이 말씀하시게 하기 위함입니다. 예수 그리스도께서 친히 하신 하나님의 위로의 말씀이 마태복음 18장에 기록되어 있습니다. "삼가 이 작은 자 중의 하나도 업신여기지 말라 너희에게 말하노니 그들의 천사들이 하늘에서 하늘에 계신 내 아버지의 얼굴을 항상 뵈옵느니라."[15] 이 말씀은 우리에게 다음과 같이 도전합니다. '너의 모든 사색을 내려놓고 예수 그리스도가 이에 대해 어떻게 생각하는지를 들어라.' 사태들을 바라보는 여러분의 눈을 감고, 어떻게 예수 그리스도가 이 문제를 여기시는지 보십시오. 이 문

---

[15] KJV (한글 번역은 마 18:10의 개역개정—역주).

제를 어떻게 받아들여야 할지 죽을 정도로 고민하지 말고, 예수 님이 이것을 어떻게 다루시는지 들어보십시오.

예수님이 말씀하신 '작은 자'는 세상이 볼 때 무가치한 사람 들, 세상이 구석으로 내모는 사람들, 사람들이 멀리하는 사람들, 누구도 관심을 주지 않는 모든 사람들을 포괄합니다. '작은 자' 는 무력한 어린이들이며, 무력한 과부와 고아이고, 믿음으로 인 해 세상에서 멸시받는 자들이며,[16] 예수님의 제자이고 주님을 따르는 기독교인들입니다. 심지어 예수님 자신도 도살장으로 끌려가는 양처럼 작고 아무것도 아닌 존재로 여겨졌습니다. 그 러나 그렇다면 이것은 대가족입니다. 어린이들, 아무런 권리가 없는 사람들, 아픈 사람들, 그리스도인들, 그리고 이 작은 자 모 두를 형제로 삼으신 우리의 맏형, 예수님 자신이 한 가족입니 다.

그러나 얼마나 세상이 이 작은 자들을 멸시하고 있는지 제 가 굳이 많은 말을 할 필요는 없을 것입니다. 여러분의 죽은 아 들 역시 이에 대하여 탄식했을지도 모르겠습니다. 그리고 여기 모인 우리들도 그럴 수 있습니다. 하지만 제가 말하고 증언하지 않을 수 없는 것은, 예수님은 작은 자들, 바로 우리 작은 자들 편 에 서 계신다는 것입니다. "이 작은 자 중의 하나도 업신여기지

---

[16] 나치 신념에 따르면, 유대인들과 무가치한 자들.

말라." 예수님은 약자, 환자, 연약한 자들의 생명을 위해 서 계십니다.[17] 말과 동정의 표현뿐만이 아니라 행동으로 그렇게 하십니다. 예수님은 환자를 고쳐주셨고, 멸시받고 버림받은 죄인과 사랑의 교제를 나누셨습니다. 구약의 예언자들처럼, 예수님은 '불의'를 '불의'라고, '잘못'을 '잘못'이라고, '죄'를 '죄'라고 하셨습니다. 예수님은 자신의 제자들에게, 기독교인들에게 그리고 교회에 그러한 명명을 사명으로 넘겨주셨습니다. 그러므로 우리는 오늘날 이 세상 한가운데서 행하신 그리스도의 이 일을 증언해야 합니다. 우리는 결코 작은 자 중 하나라도 업신여겨서는 안 되며, 그리스도가 받아주신 자들을 저버리면 안 됩니다. 그리스도는 그들을 위해 죽으셨습니다. 우리는 아픈 자, 약한 자, 아무런 권리가 없는 자들 편에 끝까지 서야 할 것입니다. 그리고 세상에서 멸시를 받아 우리 앞의 유골함에 있는 이 아들은 그리스도의 말씀으로 말미암아 위대하게 그리고 새로운 빛으로 나타날 것입니다.

작은 것을 위대하게, 위대한 것을 작게 보는 그리스도의 눈

---

[17] 이 문장에서는 위치상 '생명'이 가장 중요하다. 왜냐하면 해당 소년의 살해를 일으킨 원인이 '살 가치가 없는 생명'이라는 개념이었기 때문이다. 에벨링은 약자와 환자(희생당한 아들은 환자였다)와 연약한 자를 '생명'이라는 명사와 연결시킴으로써 나치의 신념과 행동의 악한 면을 공격한다. 예수님이 누구의 편인지에 대해서는 의문의 여지가 없다.

으로 세상을 바라보는 이러한 새로운 방식을 우리가 참으로 확신을 갖고서 공유하고 또한 누릴 수 있도록, 예수 그리스도는 우리에게 더욱 놀라운 사실을 말씀하십니다. "그들의 천사들이 하늘에서 하늘에 계신 내 아버지의 얼굴을 항상 뵈옵느니라."[18] 이 말씀은, 모든 개개인이 하나님에게 있는 그대로 존중받는다는 것을 의미합니다. 하나님의 자비를 기꺼이 받아들이는 사람은 아버지에게로 나아갈 수 있으며 아버지의 보호와 아버지의 평화를 누릴 수 있습니다. 성경은 말합니다. "모든 천사들은 섬기는 영으로서 구원 받을 상속자들을 위하여 섬기라고 보내심이 아니냐."[19] 천사들은 하나님의 보이지 않는 하인들로서 우리 작은 자들까지도 섬겨야 하며, 우리의 모든 필요를 보고 하나님께 아뢰고, 우리가 흘리는 모든 눈물을 하나님께로 나릅니다.

하나님은 작은 자들을 돌보시며 작은 자들이 멸시받을 때 슬퍼하십니다. 참으로 하나님은 작은 자들이 무시당하는 것을 참지 않으십니다. 하나님은 우리 시대의 작은 자들과 함께할 것을 맹세하십니다. 만약 우리가 세상의 작은 자들, 약자들, 아픈 자들을 향한 하나님의 돌봄이 보이지 않는다 할지라도, 그것은

---

[18] KJV (한글 번역은 마 18:10의 개역개정—역주)

[19] 독일어 본문에서 이 인용(히 1:14)은 하나의 선언이며, KJV에서처럼 의문문은 아니다. 나는 KJV의 문장을 사용하지만 구두점은 독일어 본문 그대로 둔다(한글 번역은 개역개정—역주).

하나님이 죽은 자의 부활을 통해 이 작은 자들에 대한 자신의 신실하심을 더욱 아름답게 계시하기 위함임을 깨닫기를 바랍니다. 만약 하나님이 어린이들, 환자들, 아무런 권리가 없는 자들을 멸시하고 있는 것이 아니라면, 이 죽은 아들과 그의 유골을 얼마나 귀히 여기겠습니까? 만일 우리가 믿는 바와 같이 하나님의 유일하신 아들 그리스도가 죽은 자 가운데서 다시 살아나셨다면, 우리도 그와 더불어 살 것입니다. 그 삶 속에서 모든 어둠이 하나님의 썩지 아니할 진리의 빛과 최후 심판의 명료함 속에서 밝혀질 것입니다. 우리는 이것을 기다리고 있는 중입니다. 참으로 우리가 믿음이 있다면, 그것을 고대합시다. 아멘.

큰 잔치 비유에 관한 설교

루돌프 불트만(Rudolf Bultmann)

설교에 앞서서

루돌프 불트만(Rudolf Bultmann, 1884-1976년)은 설교보다는 신약에 대한 연구로 유명하다. 그는 카를 바르트와 더불어 20세기신약의 두 거인 중 한 명으로 평가된다.[1] 1921년부터 1951년 은퇴할 때까지 불트만은 마르부르크(Marburg) 대학교에서 신약을 가르쳤다.[2] 불트만은 독일 북부 비펠스테데(Wiefelstede)에서 태어

---

[1] 만약 본회퍼가 전쟁에서 살아남았다면, 그는 의심할 여지없이 바르트, 불트만과 어깨를 나란히 했을 것이다.

[2] 별도의 명시가 없는 한, Bultmann에 관한 전기 자료 및 작업 자료는 Charles Moritz, "Bultmann, Rudolf (Karl)," in *Current Biography Yearbook: 1972* (New York: Wilson, 1972), pp. 52-54에서 가져온 것이

났다. 그의 아버지는 그 지역의 루터교 목사였다. 가족에는 4명의 자녀가 있었는데, 아들 셋, 딸 하나였다. 불트만의 형제 중 한 명은 제1차 세계대전 중, 또 다른 형제는 나치의 강제수용소에 투옥되어 목숨을 잃었다.

1903년 종교 수업과 고전 그리스어에 집중했던 독일 인문계 고등학교를 졸업한 불트만은 튀빙엔과 베를린에서 신학을 공부했고, 1910년 마르부르크(Marburg)에서 공부를 마쳤다. 그는 1921년 마르부르크의 교수가 되었고 1951년 은퇴할 때까지 거기서 가르쳤다. 19세기 낭만주의 신학자인 프리드리히 슐라이어마허(Friedrich Schleiermacher)가, 그리고 마르부르크 동료 교수였던 마르틴 하이데거(Martin Heidegger)가 몇 년간 그에게 영향을 미쳤다. 불트만은 자신의 신학에 하이데거의 철학적 실존주의(existentialism)를 반영한다.

마르부르크 대학교에 합류한 직후, 불트만은 『공관복음 전승사』(*Die Geschichte der synoptischen Tradition*, 1921)를[3] 출판했다. 이 작품은 독일에서 상당히 많이 논의가 되었고, 영어로 번역된 이후

다. 불트만 작품에 대한 간단한 정보를 위해서는 다음을 참고하라. http://en.wikipedia.org/wiki/Rudolf_Bultmann (2012년 7월 17일 접속).

[3] 영어로도 출판됐다. *History of the Synoptic Tradition* (New York, Harper & Row, 1963) [= 『共觀福音 傳承史(공관복음 전승사)』, 대한기독교서회, 1971].

에 미국 신약학계에도 큰 영향을 미쳤다. 이 작품을 통해 불트만은 신약 문헌들의 해석자가 복음의 본질과 그 양식을 구별하기 위해, 기독교의 메시지가 취한 원래 양식을 고려해야 한다는 아이디어를 발전시켰다. 문화는 외적 양식으로 있다가도 없어지는 것이지만 복음의 본질은 시대를 초월하고 모든 세대에 적합하다. 이러한 방식으로 교회는 원시적인 소통 방식을 받아들일 수 없는 현대인들도 들어야 하는 메시지를 발견할 수 있다는 것이다.[4] 그리고 훗날 그는 『예수』(*Jesus*, 1926)라는 간단한 제목의 역사적 예수에 관한 책을 통해서 이러한 양식 비평을 예수의 사역에 적용한 뒤, 우리에게 내려온 메시지를 감싸고 있는 신화적 세계관을 복음의 영원한 진리와 구별하는 법을 배워야 한다고 주장했다.[5] 여기에는 양식에 대한 논의에서 신화에 대한 논의로 이어지는 미묘한 발전이 있다. 확실히 신화가 기독교의 일부를 담당하고 있다는 주장은 많은 논쟁을 불러일으킬 만했다.

1941년 불트만은 『요한복음』(*The Gospel of John*)이라는 자신의 방대한 작품을 발표한다. 이 책에서 불트만은 자신의 해석 방법론을 요한복음 전체에 적용했고 그 저자가 소위 '표적의 책'에

---

[4]   http://en.wikipedia.org/wiki/Rudolf_Bultmann (2012년 7월 17일 접속).

5.   Moritz, "Bultmann, Rudolf (Karl)," p. 53.

의존했다는 생각을 발전시킨다.[6] 요한복음에 대한 자신의 긴 주석과 함께, 불트만은 같은 해에 '신약과 신화'라는 강의를 진행했다. 개신교신학회(Gesellschaft für evangelische Theologie)에서 행해진 이 강의에서 "영원한 복음을 현대인이 이해할 수 있도록 하기 위해 신약의 신화와 신약의 메시지를 구별해야 한다는 불트만의 주장은 성직자들과 성서학자들 사이에 격렬한 논쟁"을 불러일으켰다.[7]

한편, 우리의 목적과 관련하여, 1933년 5월 여름 학기의 그의 강의는 당대의 정치와 관련해 신학을 어떻게 다루어야 할지에 대한 몇 안 되는 관점을 제공한다. 그 강의의 제목은 '현 상황에서의 신학의 과제'였다.[8] 그는 강의를 이렇게 시작했다: "신사숙녀 여러분! 저는 제 강의에서 현 정치에 대한 이야기를 절대 하지 않기로 했습니다. 그리고 앞으로도 그러는 것이 좋을 것 같습니다." 그러나 새 정부와 또 너무 많은 독일인이 새 정부를 열정적으로 수용하는 모습은 히틀러의 독일에서 독일 신학

---

[6] http://en.wikipedia.org/wiki/Rudolf_Bultmann (2012년 8월 9일 접속).

7. Moritz, "Bultmann, Rudolf (Karl)," p. 52.

8. Rudolf Bultmann, "The Task of Theology in the Present Situation," in *Rudolf Bultmann: Interpreting Faith for the Modern Era*, ed. Rodger A. Johnson, trans. Schubert Ogden (Minneapolis: Fortress, 1991), pp. 269-77.

자들의 활동에 대하여 신학 교수로서의 불트만 개인의 생각을 이야기하지 않을 수 없게 만들었다. 불트만은 기독교인들에게 하나님은 언제나 시간과 역사 너머에 계신 창조주이심을 강조한 후, 시간과 역사 속에서 일어나는 일을 하나님의 뜻과 지나치게 동일시하지 않도록 경고했다. 기독교인은 피조 세계의 일부로서 당연히 국가의 구성원이 된다는 것을 인정해 왔지만, 이것은 법률이 이웃에 대한 사랑의 의무를 반영하지 못할 때 정치 지도자들에 대해 아무런 비판을 하지 않고 내버려 두어야 한다는 것을 의미하진 않았다. 불트만이 자신의 학생들을 위해 언급한 한 가지 실례는 다른 견해를 가진 사람들을 비하하는 일이 인기를 얻고 있다는 것이었다. 그는 자신의 강의를 다음과 같은 말로 맺었다: "저는 한 사람의 기독교인으로서 그러한 비하를 통하여 유대계 독일인들에게 행해지고 있는 불의에 대하여 개탄하지 않을 수 없습니다."

위의 강의록에서 언급했듯, 비록 불트만이 일반적인 정치적 운동가는 아니었지만, 나치즘에는 완강히 반대했고, 그러므로 그가 고백 교회의 일원이었던 것은 놀랄 일이 아니다. 1933년, 불트만은 다른 마르부르크 신학자들과 함께 유대교 집안의 목사들을 교회의 직무에서 내쫓는 일에 반대하는 성명서에 서명을 했고, 2년 뒤에는 대학의 신학 교수들은 교회 투쟁에 참여할 수 없다는 히틀러의 명령에 반대하는 공개 서한을 쓰기도 했다.[9] 많은 사람이 불트만을 신학자로 기억하고 있지만, 우리가 강조하고자 하는 바는 설교자로서의 불트만이다. 그는 '히틀러의 그늘 아래서' 마르부르크 대학 공동체를 위해 많은 설교를 했다. 여기서 제공하는 설교는 전쟁 기간 동안 마르부르크에서 이루어졌던 설교 모음집에서 가져온 것이다. 대다수 미국 학자들이 불트만이 신학에 미친 영향을 인정하고 있는데, 이 설교는 그의 목회적 면모도 인정하게 만들어 줄 것이다. 그는 강단에서 대학 강의가 아닌 하나님의 말씀을 전하되, 다름 아닌 바로 그 당시의 위기와 위험의 때에 그렇게 했다. 당연히 신학자들은 그의 신학을 읽고 그것에 대해 계속해서 토론하겠지만 불트만의 설교들 역시 주목할 가치가 있다. 저 설교들을 통해 그는 훌륭한 설교자로 드러날 것이다. 본서에 수록된 마르부르크 설교는 한 기독교인의 설교를 듣도록 우리를 초청한다. 그의 지적인 관심사들이 예배하기 위해 그리고 제3제국에서 그리스도의 '복음'을 듣기 위해 모인 사람들에 대한 세심함을 결코 감추게끔 하지 않는다. 우리는 불트만이 상황에 맞는 적절한 본문을 선택할 시간이 없었다는 그의 말에 주목해야 한다. 그리고 나서 본문이 정말로 당시 상황에 부합하는지, 하지 않는지를 따져야 한

---

9. Eberhard Busch, *Unter dem Bogen des einen Bundes: Karl Barth und die Juden 1933-1945* (Neukirchen-Vluyn: Neukirchener Verlag, 1996), pp. 106-7.

다.

본 설교는 독일이 소련을 공격한 일요일 마르부르크에서 이루어진 것이다.

설교문: 큰 잔치 비유에 관한 설교[10]

이르시되 어떤 사람이 큰 잔치를 베풀고 많은 사람을 청하였더니 잔치할 시각에 그 청하였던 자들에게 종을 보내어 이르되 오소서 모든 것이 준비되었나이다 하매 다 일치하게 사양하여 한 사람은 이르되 나는 밭을 샀으매 아무래도 나가 보아야 하겠으니 청컨대 나를 양해하도록 하라 하고 또 한 사람은 이르되 나는 소 다섯 겨리를 샀으매 시험하러 가니 청컨대 나를 양해하도록 하라 하고 또 한 사람은 이르되 나는 장가 들었으니 그러므로 가지 못하겠노라 하는지라 종이 돌아와 주인에게 그대로 고하니 이에 집 주인이 노하여 그 종에게 이르되 빨리 시내의 거리와 골목으로 나가서 가난한 자들과 몸 불편한 자들과 맹인들과 저는 자들을 데려오라 하니라 종이 이르되 주인이여 명하신 대로 하였으되 아직도 자리가 있나이다 주인

---

10. 1941년 6월 22일, 독일의 마르부르크에서 행해진 설교다.

이 종에게 이르되 길과 산울타리 가로 나가서 사람을 강권하
여 데려다가 내 집을 채우라 내가 너희에게 말하노니 전에 청
하였던 그 사람들은 하나도 내 잔치를 맛보지 못하리라 하였
다 하시니라(눅 14:16-24).

사랑하는 성도 여러분,[11] 우리 모두 오늘 아침에 들은 뉴스
때문에 충격을 받았습니다.[12] 사건들이 새로운 국면에 접어들
었습니다. 이제 우리는 러시아와 전쟁에 돌입했습니다! 우리는
복잡한 심정으로 입당송을 불렀습니다.

할렐루야, 아름다운 아침,

너무도 아름답구나!

이 아침 나는 아무 걱정 없네 …

우리가 여기 하나님의 집에서 모든 세상 염려를 잊고자 하
거나 혹은 하나님께 맡기려고 하면, 정말로 오늘 우리에게 던져
진 이 무거운 근심을 잊어버릴 수 있을까요? 만약 제가 설교를
해야 할 날을 미리 알았더라면 오늘, 이 시간에 적합한 본문을
찾기 위해 더 오랜 시간 고민했을 것 같습니다. 하지만 이미 제

---

[11] 여기서 사용된 독일어는 *Liebe Gemeinde*다.

[12] 독일의 러시아 침공은 이 날 아침에 시작됐다.

가 이 날을 위해 복음서의 본문을 선택했기 때문에, 그렇게 할 수는 없었습니다. 하지만 이 본문도 오늘에 적합한 말씀을 갖고 있다고 생각합니다. 본문이 우리에게 말하고자 하는 바가 무엇인지 최대한 침착하게 살펴보겠습니다.

예수님이 들려주시는 이야기를 우리가 온전하게 파악하기 위해서는 반드시 이해해야 하는 그분 나라의 전통이 하나 있습니다. 어느 한 부자가 아주 큰 잔치를 벌이고자 마음을 먹었습니다. 그는 처음에는 잔칫날이나 시간에 대한 정확한 언급 없이 잠정적으로 사람들을 초대합니다. 초청받은 손님들은 가까운 시일에는 아무것도 계획하지 말라는 말만 듣게 되는 것입니다. 이윽고 그날이 오면, 두 번째 초대가 있습니다. "지금이 잔칫날입니다. 모든 것이 준비되었으니 빨리 오세요!"

이 이야기에 나오는 부자는 관습에 따라 많은 손님들을 초대했습니다. 그리고 그들은 그 초대를 받아들였습니다. 잔치를 그냥 지나칠 순 없었겠지요. 그러나 그들은 무심결에 아무런 생각 없이 초대를 받아들였습니다. 세심히 살펴보면 그들은 초대의 순간에 참석할 준비가 전혀 되어 있지 않았습니다. 그들은 특정한 날에 주인의 하인이 곧 자신들을 초대할 것이라는 기대를 갖고서 자신들의 일정을 관리하며 일을 본 것이 아니라, 오히려 잔치로 오라는 부름을 기대하지도 않는 듯 평소대로 지냈습니다. 사실 저들은 그 초대도 완전히 잊었을 것입니다. 이윽고 주인이 보낸 사람이 왔으나, 그때 저들은 초대보다 더 중요하다고 여기는 일들에 사로잡혀 있었습니다. 어떤 사람은 지금 막 땅을 사서 어떻게 하면 그 땅을 가장 잘 활용할 수 있을지 알아보아야 합니다. 또 어떤 사람은 지금 막 소들을 사서 돌보아야 합니다. 또 어떤 사람은 지금 막 결혼해서 갈 수 없습니다. 또 정확하게 이유가 나와 있진 않으나 이런 저런 일들로 갈 수 없습니다. 말하자면, 초대받은 사람 중 지금 당장 올 수 있는 사람은 아무도 없다는 것입니다. 결국 아무도 잔치에 오지 않습니다. 잔치를 주최한 주인이 화가 날만도 합니다! '좋아, 그럼 그냥 오지 말라고 해! 기쁜 마음으로 잔치에 올 또 다른 사람들이 있겠지!' 그래서 주인은 자신의 하인을 다시 밖으로 내보내어 거리와 골목에서 음식을 구걸해야만 하는 가난한 사람들과 장애인을 데려오게 했습니다. 그래도 자리가 남은 것을 본 주인은 길거리나 들판에서 방랑하는 사람들도 데려옵니다.

I.

이 이야기는 비유입니다. 이 비유의 교훈은 무엇일까요? 이것 하나만큼은 확실합니다. 부자의 잔치 초대는 하나님이 사람들을 자신의 나라로[13] 부르시는 초대를 묘사합니다. 초대받은

---

[13] '나라'(kingdom)를 가리키는 독일어는 *Reich*다. 기독교인들은 이 단어를 히틀러 제국(*Reich*)에 대한 도전으로 들었을까? '하나님 나라

손님들, 즉 처음 손님들과 나중 손님, 그리고 강권하여 오게 된 손님 등, 모두가 하나님의 부르심을 받은 사람들입니다. 이 비유를 듣는 사람들에게 '처음 초대받은 사람들처럼 준비하지 않아서 잔치의 기쁨을 잃은 자들이 되겠느냐?'는 질문이 던져집니다. 한편, 이 비유의 어조가 처음에는 초대받지 못했다가 나중에 초청을 받은 사람들과 같은 이들을 위로하거나 격려하는 것도 딱히 아닙니다. 오히려 이 비유의 어조는 다소 진지하고 위협적이기까지 합니다. 그리고 그러한 어조의 성격은 비유 끝부분에서 더욱 분명하게 드러납니다. "내가 너희에게 말하노니 전에 청하였던 그 사람들은 하나도 내 잔치를 맛보지 못하리라!"[14]

예수님의 시대의 배경을 고려해야 이 비유가 잘 이해될 수 있을 것입니다. 처음 초청받은 사람들은 유대 폴크의 경건한 지도자들입니다. 예수님은 그들을 향해 자주 회개하라고 요청하셨고, 자신의 분노를 쏟기도 했습니다. 이들은 이미 오래전부터 하나님과 하나님의 부르심에 대해 잘 알았던 자들입니다. 이들은 또 이미 오래전에 '네, 알겠습니다' 하고 답했던 사람들입니

(Reich)와 히틀러 제국(Reich)이 갈등에 빠졌나?'

[14] 나는 여기서 KJV를 따르지만(한글 번역은 개역개정—역주), 볼트만이 독일 성경에서 직접 인용을 하므로 볼트만의 느낌표는 그대로 두었다.

다. 예수님은 바로 이들에게 오셔서 그들에게 '지금이 바로 그
때라!'라고 말씀하셨지만 그들은 예수님의 부르심에 자신들의
귀를 닫았습니다. 그래서 예수님은 돌이켜 자신의 목소리에 반
응한 세리들과 죄인들에게로 가십니다.

예수님이 이 비유로 지금 우리에게도 말씀하고 계시는 것이
라면, 우리도 진지하게 생각해 보아야 합니다. 혹시 우리도 하
나님의 부르심을 이미 오래전부터 알고 있었고 그분의 초청을
받아들이기도 했으나, 문제가 심각해지거나, 중대한 소식이 들
려올 때 하나님의 부르심을 거절하고 자기의 개인 용무를 선택
한 첫 번째 초대받은 자들에게 속하는 것은 아닌지 말입니다.

우리는 우리 '폴크' 전체에 이것을 적용하는 것을 소홀히 생
각할 수 없습니다. 한때 우리에게도 하나님의 부르심이 있었음
을 기억해야 합니다. 우리 조상인 옛 게르만 부족들에게 하나님
의 복음이 선포된 것, 그것이 바로 하나님의 초청이었습니다.
그리고 16세기 루터(Luther)의 설교가 복음을 크게 울리게 했을
때, 하나님의 부르심의 감동이 다시 한번 찾아왔습니다. 우리는
독일이 기독교 국가였을 때를 생각해야만 합니다.[15] 모든 시골
마을 풍경에서 빠짐없이 볼 수 있는 교회들과 도시 위에 우뚝

---

[15] 제3제국이 시작된 이후로 독일이 얼마나 도덕적으로 타락했는지에
　　관한 주목할 만한 진술. 교회 건물들은 여전히 독일 도시나 시골에
　　있었지만 기독교 신앙과 도덕은 사라졌다.

솟은 수도원들과 대성당들이 이것을 증언하지 않습니까? 학교와 교회에서 제공되는 기독교 교육이 이를 입증하지 않습니까?[16] 우리 '폴크'의 생활(*Volksleben*)에 스며들어 있었던 기독교 전통들, 명절들, 세례들, 교회 장례들 등이 이를 또한 증명하지 않았습니까?[17] 지금도 여전히 우리는 모든 시골과 도시에서 교회들을 발견할 수 있습니다. 여전히 일요일이면 집과 들판에 교회 종소리가 울려 퍼집니다.

저는 어떻게 해서 이제는 교회가 중심이 아닌 마을들이 있게 되었는지에 대해서는 따지고 싶지 않습니다. 하지만 이 한 가지는 말해야겠습니다. 일요일마다 기도하는 예배자들로 가득 찬 교회는 얼마나 될까요?[18] 종소리에 이끌려 하나님의 집으로 들어갈 '동료 폴크'는[19] 얼마나 될까요? 많은 사람이 우리 도시

---

[16] 독일의 초·중·고등학교에서 종교를 가르치는 것은 자랑할 만한 오랜 전통이었으나 나치는 종교 교육을 나치 프로파간다로 바꾸고 기독교 메시지를 왜곡하려고 했다. 많은 고백 교회의 목사들, 특히 파울 슈나이더(Paul Schneider)와 빌헬름 부쉬(Wilhelm Busch)는 어린이와 청소년들에게 신앙의 기초를 가르칠 수 있는 권위를 두고서 나치와 치열한 전투를 벌였다.

[17] 과거 시제에 주목하라. 불트만이 보기에 1941년에는, 히틀러와 나치즘하에서 기독교 전통은 1933년 이전보다 줄어든 것이 명백했다.

[18] 오히려 나치의 깃발과 스바스티카로 가득 찬 교회가 생각난다. 본회퍼의 설교, '기드온'에서 각주 [16]을 참고하라.

[19] 불트만은 나치 용어인 *Volksgenosse*를 사용한다. 폰 갈렌(Von Galen)의 설교와 Cornelia Schmitz-Berning, *Vokabular des Nationalsozialismus*

의 훌륭한 성당들을 하나님의 말씀이 선포되는 성소들이 아니라 단지 독일 정신이[20] 우뚝 서 있는 예술 작품으로만 보지 않을까요? 우리 청년들에게 주어진 기독교의 교훈은 어떻게 되었습니까? 요즘도 기독교의 도덕에 매여있다고 생각하는 사람이 있습니까? 우리 모두는 다 알고 있습니다. 오늘날 독일은 더 이상 기독교 국가도 아니고, 교회 생활은 주변부이며 많은 사람은 이 주변부마저도 사라지기를 바라고 고대하고 있다는 걸.

왜 이렇게 되었을까요? 우리 모두 예외 없이 하나님의 부르심보다는 일상이 더 중요했기 때문이 아닙니까? 이익, 권력, 쾌락에 대한 고군분투가 '나는 하나님을 위해 얼마나 준비되었나?'라는 질문보다 중요했기 때문 아닙니까? 기술 진보, 운동 시합에서 오는 성취 등에서 느끼는 기쁨이 하나님의 말씀에서 느끼는 기쁨보다 더 컸기 때문 아닙니까? 단도직입적으로 말해서, 하나님의 부르심에 대한 준비를 잊어버렸기 때문 아닙니까?

II.

누군가가 "그러면 우리는 무엇을 준비해야 합니까?", 혹은

(Berlin: Walter de Gruyter, 2007)의 에세이에서 반복되어 사용된 이 단어를 보라.

[20] 여기서 사용된 독일어는 *deutscher Geist*다.

"'오라, 모든 것이 준비되었느니라'는 말과 함께 두 번째 초청이 우리에게 오긴 했습니까? 실상 두 번째 초청은 없는 것 아닙니까?"라고 물을 수 있습니다. 이 질문은 우리로 하여금 다음과 같은 사실을 숙고하게 만듭니다. 어떤 '폴크'라도 교회를 떠난다면 이에 대해서는 언제나 각자의 책임이 있다는 것입니다. 두 번째 초대는 항상 개개인을 부릅니다. "오라, 모든 것이 준비되었느니라!" 그리고 이 순간은 언제나 개인이 가장 기대하지 않았을 때, 가장 불편할 때이므로, 사람들은 다른 무엇보다 귀를 닫으려 합니다.

예수님의 시대에 그분의 나타나심이 하나님의 부르심이었던 것처럼(그래서 그 '폴크'의 많은 사람이 불편함을 느끼고 동요했습니다), 그의 부르심이 그때 이후로 모든 장소에서 계속해서 울려 퍼지고 있으며, 이 부르심 안에서 예수님은 친히 또 모든 장소에서 계속해서 우리를 만나고 계십니다. 그러면 우리는 그분을 어디서 만날 수 있습니까? 아니, 우리는 왜 그분을 보지 못하고, 그분의 부르심을 듣지 못합니까? 예수님은 이러한 우리의 질문을 이미 다 예측하셨습니다. 그래서 자신을 보지 못한 자들에게 이렇게 말씀하십니다.

> 내가 주릴 때에 너희가 먹을 것을 주지 아니하였고
> 목마를 때에 마시게 하지 아니하였고

나그네 되었을 때에 영접하지 아니하였고

헐벗었을 때에 옷 입히지 아니하였고 병들었을 때와 옥에 갇

혔을 때에 돌보지 아니하였느니라 …

이 지극히 작은 자 하나에게 하지 아니한 것이

곧 내게 하지 아니한 것이니라(마 25:42-43, 45).[21]

우리의 형제의 필요는 항상 모든 곳에서 우리의 동정과 도
움의 손길을 요구합니다. 거기서 예수님이 우리를 만나십니다.
거기서 예수님의 부르심이 우리에게 들려옵니다.

여기서 우리는 우리 '폴크'의 역사에 대해 재고해 봐야 합니
다. 참으로 교회는 도움이 필요한 시기, 예를 들면 '고향 선교'와
[22] 같은 사역을 통해 최선을 다하려고 노력했습니다. 하지만 이

---

[21] KJV이지만(한글 번역은 개역개정—역주) 불트만의 시적 배열은 그
대로 따랐다.

[22] 여기서 사용된 독일어는 *die Innere Mission*이다. 요한 비헤른(Johann
Wichern)이 1848년 독일 및 다른 나라들에 기독교의 중생을 가져오
기 위해 시작한 복음주의 고향 선교를 의미한다. 위키피디아의
'Innere Mission' 항목을 보라. http://en.wikipedia.org/wiki/Inner_
mission (2012년 7월 17일 접속). 나치는 1933년에 시작된 소위 겨울
구제사역(*Winterhilfswerk*)이라는 나치 사회 봉사를 위해 봉사를 제공
하는 선교를 엄격하게 제한했다. 교회가 제공할 수 있는 것을 제한하
는 것은 '기독교인들이 행동하기보다는 말만 한다'는 프로파간다를
더욱 그럴듯하게 만들었다. 겨울구제사역에 관하여는 Schmitz-
Berning, *Vokabular des Nationalsozialismus*의 'Winterhilfswerk' 항목을

제 이것만큼은 분명합니다. 만약 스스로를 기독교인이라 하는 사람들이 사회적 필요들, 산업 노동자들의 커져만 가는 필요들, 거주 공간의 필요들에 자신들의 눈과 마음을 열어두었다면, 또 기꺼이 희생하는 마음과 과도하지 않게 행하는 가운데 기쁜 마음이 우리 속에 참으로 살아 있었다면, 교회에 대한 멸시나 교회에 대한 혐오가 요즘처럼 무서울 정도로 크진 않았을 것입니다. 세상을 더 낫게 만들기 위해 거의, 아니 아무 일도 하지 않은 기독교를 정죄하는 심판은 임하지 않았을 것입니다!

하지만 더 이상 과거에 연연해 하지 않고 지난날 소홀했던 것에 대해서는 그만 생각합시다. 우리의 불평과 비난들은 현재를 위해 올리는 경종이어야 하며, 오늘날 우리의 눈을 열고 손을 내밀게 해야 하고, 우리 각 상황에서의 하나님의 부르심을 듣게 하는 것이 되어야 할 것입니다. 그리고 우리는, 하나님이 우리를 만나는 곳이 우리 일상의 어디일지 자문하기 시작해야 합니다. 우리가 커다란 필요에 대해서만 생각한다면, 우리의 도움이 필요한 개개인의 작은 필요를 놓칠 수 있습니다. 그리고 모든 커다란 필요는 사실은 작은 것들로부터 옵니다. 더 정확하게 말하면, 우리가 눈이 멀어서 처음에는 작은 필요들을 보지 못했다고 할 수 있습니다.

보라.

모든 개개인, 저와 여러분은 하나님의 부르심을 우리의 일상 속에서, 일터에서, 이런 저런 평범한 사건들 속에서 마주합니다. 저는 정확한 그 자리를 여러분에게 이야기할 수도 없고, 감히 이야기하려고 들지도 않겠습니다. 왜냐하면 예수님과의 마주함은 비밀이기 때문입니다. 예수님은 우리를 항상 사람마다 다른 방식으로 만나주십니다. 이것이 바로 하나님의 부르심의 비밀입니다. 하나님의 부르심은 늘 새롭습니다. 언제든 어디서든, 가장 예상치 못한 때와 장소에서 이루어집니다. 저는 단지 그 부르심을 들을 준비를 해야 한다고, 모두가 들을 자세를 갖추어야 한다고 권면할 수 있을 따름입니다.

우리에게 익숙한 부자와 가난한 자에 대한 한 민담은 하나님과의 만남은 흔하지 않으며 준비되지 않은 자들은 그 만남을 놓침으로써 자기 손해를 본다는 사실을 알려줍니다. 그 민담은 한때 하나님이 이 지상에 나그네로 오셨고 하룻밤 묵을 곳을 찾아다녔다는 말로 이야기를 시작합니다. 그는 부자의 집 문을 두드렸고 하룻밤 묵게 해줄 것을 청했습니다. 부자는 문 앞에 허름한 나그네를 보았습니다. 그리고 그는 그 나그네가 돈을 제대로 지불할 리가 없다고 생각했습니다. 그래서 온갖 핑계를 대고 그를 돌려보냈습니다. 그저 불편했던 것이죠. 그래서 하나님은 어느 한 가난한 사람의 집 문을 두드렸고, 친절한 환대를 받았습니다. 그리고 이 이야기는 부자는 벌을 받고, 가난한 사람은 재물의 복을 받았다는 내용으로 끝이 납니다.

　　기쁨과 선함, 인내와 기꺼이 희생하려는 마음 등이 우리에게 요구되는 준비, 시대가 우리에게 요구하는 열린 눈입니다. 변장한 하나님이 찾아오십니다. 예수님이 우리를 찾아오십니다. 우리가 그 만남을 알아차리지 못한다면, 그 순간은 영원히 우리에게서 사라질 것이고, 우리는 그 축복의 시간을 빼앗기게 될 것입니다. 따라서 우리는 쉴 틈 없고 분주한 일상에서 몇 시간만이라도 성찰을 위한 고요한 곳을 마련하여 우리 스스로를 점검하고 다음과 같이 질문해야 합니다.

　　　　'내가 소홀히 한 무언가는 없을까?'

　　　　'누가 나의 도움을 필요로 할까?'

　　　　'누가 내게서 친절한 말을 듣기를 원할까?'

　　우리는 온갖 걱정과 기쁨과 괴로움을 수반하는 일상의 일들 속에, 매일의 소음에 사로잡혀서는 안 됩니다! 우리는 하나님이 여기저기서 우리에게 무엇을 말씀하고자 하시는지 집중해야 한다는 사실을 잊어선 안 됩니다!

　　하나님의 부르심이 원칙적으로 대단히 불편한 것임은 분명합니다. 우리가 도와야 한다고 할 때, 그 상황이 수월하기만 한 것은 아닙니다. 당장 급한 일로 인해 시간이 없을 수 있습니다!

어떤 사람은 온종일 시간을 쏟아야 하고 여유가 없습니다. 또, 우리 모두가 채워줄 수 있는 것보다 필요들이 더 크다는 것도 사실입니다. 그러나 우리는 과연 할 수 있는 것을 하긴 했습니까? 누군가 우리에게 다가왔을 때, 우리는 최소한 따뜻한 말과 표정을 지어 주었습니까? 누군가가 우리에게 무언가를 원할 때, 그저 성가시게만 생각하진 않았습니까?

III.

그러나 하나님의 부르심은 단지 우리 동료 사람의 필요에서만 찾아오는 것이 아닙니다. 우리를 치고 흔드는 우리 자신의 필요, 우리 자신의 운명에서도 하나님의 부르심은 찾아옵니다. 인생이 우리의 계획과 소망대로 흘러가고, 우리의 인생이 우리의 강점과 정확하게 들어맞는 매력적인 일들로 채워질 때, 혹은 성공과 즐거움이 우리의 일들과 들어맞을 때면, 우리의 세계가 마치 그 자체로 빛나고 내 안에서도 빛나는 것처럼 느껴질 것입니다. 하지만 우리는 우리의 길을 밝혀주는 빛은, 마치 지구를 비추는 태양 빛처럼, 외부에 있는 하나님의 선하심의 빛이 진리 안에서 우리 세계를 비추고 있는 것이라는 걸 너무 쉽게 잊곤 합니다. 태양 빛이 구름에 의해 가려질 수 있듯, 우리의 세계도, 즉 행복한 일과 자랑스러운 성공으로 가득한 세계도 어둠에 빠질 수 있습니다.

그러면 우리의 세계는 해로워질 수 있고 우리의 행위를 포함한 온 인류의 행위가 이상하게 될 수도 있습니다. 누군가에게는 이런 방식으로, 또 다른 누군가에게는 저런 방식으로 그런 운명이 우리에게 닥치게 될 때, 그 가운데서 하나님이 우리를 만나주십니다. 그러나 우리는 어둠으로 덮여 있는 그분을 알아볼 수 있을까요? 외로움의 으스스한 침묵 속에서 그분의 부르심을 들을 수 있을까요? 오히려 의심에 빠져들거나 혹은 둔감하고 시큰둥하게 되어 우리의 체험의 축복을 스스로 걷어차 버리진 않을까요? 하지만 "하나님은 저마다의 고뇌를 통해 사람들을 어둠에서 자신에게로 이끄십니다"(아그네스 귄터[Agnes Günther]).[23] 우리는 우리 삶 속에서의 광채와 행복이 얼마나 불확실한 것인지 진지하게 성찰해야 하며, 행복한 때에 우리를 어둠으로 부르는 하나님의 부르심의 때를 늘 준비해야 합니다.[24] 하나님은 그 어둠에서 우리를 자신에게로 인도하십니다.

우리는 하나님의 그와 같은 부르심, 즉 불편하고 불안한 부

---

[23] 아그네스 귄터(1863-1911년)는 1913년에 출판된 인기 소설 『성녀와 그녀의 바보』(*Die Heilige und ihr Narr*)의 저자다. 1935년에는 원작 소설을 기반으로 한 영화도 만들어졌다. http://de.wikipedia.org/wiki/Die_Heilige_und_ihr_Narr; https://de.wikipedia.org/wiki/Agnes_G%C3%BCnther (2012년 7월 17일 접속).

[24] 반복적인 번역은 '부름'에 해당하는 독일어 명사와 동사의 반복을 반영한다. 나는 불트만의 독일어(*der Ruf, rufen*)를 충실히 따랐다.

르심이 오히려 우리에게 축복이 된다는 것을 배우지 않았습니까? 하나님의 부르심을 통해 우리가 일상의 삶에서 찢어졌고, 혼돈과 무기력으로부터 구원을 받지 않았습니까? 그리고 우리의 삶이 추진력을 얻지 않았습니까? 우리 자신의 필요를 통해서든 아니면 다른 사람의 필요를 통해서든 산다는 것의 의미의 새로운 깊이를 알게 되지 않았습니까? 그리고 우리는 더욱 깊고 더욱 감사한 방식으로 우리에게 주어진 기쁨을 누렸고, 새로운 방식으로 우리의 가족들과 더욱 가까워지지 않았습니까? 어려운 나날들 속에서 우리는 더욱 인내할 수 있었고 그 힘겨운 시기에 축복을 받을 수 있었던 것 아닙니까? 우리는 너무 쉽사리 일상생활의 단조로움에 빠져듭니다. 우리는 세상의 정신 없는 활동으로 인해 너무 쉽사리 쇠약해져 우리 자신의 삶 자체에도 무관심하게 되어버립니다! 때로는 신경 쓸 가치도 없는 일에 너무 쉽게 열을 냅니다! 너무도 불안하고 불편한 하나님의 부르심은 우리를 뒤흔들지만 우리를 우리의 올바른 삶으로 돌아가게 하며, 우리가 참여하는 일들과 활동에 대한 올바른 균형 감각을 다시금 허락합니다.

그렇다면 여러분은 지금 언제라도 찾아올 수 있는 결정적인 때를 위한 준비가 되어 있습니까? 기독교 신앙은 우리를 쉽게 내버려두지 않습니다. 기독교 신앙은 단순히 누군가가 단번에 그리고 영원히 무언가를 가질 수 있게 하는 어떤 특정 가르침에 대한 신념의 소유가 아닙니다. 오히려 기독교 신앙은 의지의 태도입니다. 늘 새로운 방식으로 스스로를 끊임없이 증명할 때에야 비로소 기독교 신앙이 우리 안에 살아 숨쉬고 있는 것입니다. 언젠가 과거에 한 번 하나님을 믿겠노라고 결심한 것으로 충분한 것이 아닙니다. 오히려 그러한 신앙의 결단은 그분이 우리를 만나실 때마다, 그분이 우리를 부르실 때마다 몇 번이고 새롭게 실행되어야 하는 것입니다. 그리고 그 때가 바로 지금입니다! 하나님은 우리와의 만남을 통해 우리를 시험하십니다. 하나님의 부르심에 대비하기 위해 우리에게 요구되는 것은, 우리의 관심을 끄는 것들, 일, 염려, 기쁨, 슬픔 등등 그 모든 것으로부터 내적으로 거리를 두는 일입니다. 그분과 마주할 수 없게 우리 눈을 멀게 하고, 그분의 부르심을 들을 수 없게 우리 귀를 멀게 할 정도로 **철저하게 우리의 관심을 끄는 것은 없어야 합니**다.[25]

IV.

이제 요점을 정리하겠습니다. 하나님의 부르심을 준비한다는 것은 근심과 계획, 고통과 기쁨을 수반하는 우리의 인생 혹은 지상에서의 활동이 궁극적 관심이 아니라는 사실을 받아들

---

[25] 강조는 원문의 것.

일 준비를 하는 것입니다. 하나님의 초청이 의미하는 바가 무엇이겠습니까? 바로 더 높은 곳으로, 미래로, 초월로의 부르심입니다. 우리 세계에서 그분의 세계로의 부르심입니다! 이것이 때때로 우리에게 괴로운 것은 분명합니다. 초라함과 부족함이 우리의 삶을 짓누릅니다. 우리는 더 많은 것을 갈망합니다. 우리는 슬픔과 눈물이 더 이상 존재하지 않는 세상으로 가자는 소리에 귀를 기울이고 있습니다. 그러나 하나님의 부르심은 더 많은 것을 요구합니다! 하나님의 부르심은, 우리가 좋을 때나 나쁠 때나 세상은 결코 우리에게 궁극적인 만족을 줄 수 없다는 사실을 더욱 깊이 인식할 것을 요구합니다. 하나님의 부르심은, 우리가 우리의 세계와 그분의 세계, 현재와 미래, 내재와 초월 사이에서 결정할 것을 촉구합니다. 우리는 정말로 하나님을 원합니까? 아니면 우리의 세계를 원하지만 때때로 우리 세계의 변화와 개선을 위해서만 하나님을 원합니까? 우리가 지상에서 계획하고 실행하는 바가 무엇입니까? 우리가 우리의 걱정과 노력으로 건설하고 세우려는 것이 무엇입니까? 하루는 기쁘고 다른 날은 슬프게 하는 것이 무엇입니까? 도대체 무엇이 참으로 우리의 최고의 그리고 궁극적 관심사입니까? 우리는 무엇을 위해 살고 죽습니까? 우리는 더 높은 삶을 모릅니까? 과연 우리는 영원에 대하여 진지하게 생각하며 우리의 일과 걱정을 영원에 비추어보고 영원한 심판 앞에 설 준비가 되어 있습니까?

사실 우리가 정말로 더 높은 삶에 대해서 알고 있는 것이 맞습니까? 우리는 미래에 대해, 그 너머에 대해 알고 있습니까? 우리가 스스로에게 정직하다면 우리는 아는 것이 아무것도 없다고, 가진 지식도 없다고 고백해야 합니다.[26] 우리가 잘 아는 것, 사실로 인지하고 있는 것, 그 모든 것은 지금까지의 삶, 이 세계에서의 삶, 지상의 운명, 우리의 계획과 설계에 불과합니다. 즉, 정확히 말해 이것은 우리는 영원을 '생각해 본다'는 의미입니다. 여기서의 삶을 통해서 우리가 알 수 있는 것은, 우리의 삶은 하나님이 우리에게 주시고자 하는 미래, 곧 완성될 참된 삶을 준비하는, 아직 성취되지 않았고 심지어 성취될 수 없는 것이라는 것뿐입니다. 만약 우리가 상상해보길 원한다면 우리의 소원과 꿈들로 이루어진 그림을 그려볼 수 있습니다. 그러나 그것들은 우리가 폐기해야만 하는 그림들입니다. 하나님의 미래를 위해 준비한다는 것은, 우리의 미래를 위해 하나님이 계획하신 바, 위로가 있는 어둠 속으로 들어간다는 것을 의미합니다.

그러나 이러한 하나님의 미래가 우리가 사는 날의 끝에만 찾아오는 것이 아닙니다. 오히려 하나님의 부르심을 듣는 사람

---

[26] 불트만은 '알다'로 번역되는 두 개의 서로 다른 동사를 사용하고 있다. 전자는 인격적으로 아는 것(*kennen*)이며, 후자는 지적으로 아는 것(*wissen*)이다. 나는 이어지는 문장에서 이 구별을 분명하게 하여 번역했지만, 독일어의 단순성은 상실됐다.

이라면 누구나 항상 그리고 반복해서 하나님이 얼마나 순수하게, 강하게, 고요하게, 그리고 즐겁게 일하시는지를 경험합니다. 하나님은 기도에 응답하십니다. "순전하게, 깊게, 구별하여, 부드럽고, 고요히 주님의 평화 안에 있게 하소서!"[27]

누구든지 자신의 삶에서 하나님의 부르심에 대하여 준비가 되어 있는 사람은, 잘 알려진 이 세계의 삶에서 알려지지 않은 어둠으로 부르는 하나님의 최종적인 부르심에도 준비가 되어 있는 사람입니다. 우리의 삶에서 가장 큰 혼란이 바로 이러한 부르심이 우리를 찾아온다는 것입니다. 얼마나 많은 사람이 이 부르심을 싫어합니까! 이 부르심이 제때라고 생각하는 사람은 얼마나 적습니까! 할 수만 있다면 자신의 신변을 정리하도록 이 부르심이 지연되기를 요청하지 않을 사람이 누가 있겠습니까! 물론 누구도 이 부르심이 찾아올 때는 변명할 수 없습니다. 결코 무시될 수 없습니다. 그러나 모든 것은 이 부르심을 어떻게 이해할지에 달려 있습니다. 이 부르심이 우리를 자신에게로 부르시는 하나님의 부르심인지 아니면 우리를 무로 인도하는 섬뜩한 운명의 손짓인지.[28] 그러고 나서, 과연 우리가 준비되어

---

[27] 'Gott ist gegenwärtig'("하나님은 임재하시네")라는 찬송가 가사다. 가사는 http://www.liederdatenbank.de/song/219 (2012년 8월 9일 접속)을 보라.

[28] 나치 무신론은 최후의 심판과 내세를 거부했다.

있는지 우리가 삶 속에서 하나님의 부르심을 받을 준비에 대하여 배웠는지에 대한 질문이 생겨납니다.

　우리는 운명에 대해, 우리가 현재 속해 있고 지금 막 다시 떠올린 그 섬뜩한 거대함에 대하여 직접적으로 얘기하지는 않았습니다. 굳이 명시적으로 얘기할 필요가 있을까요? 누구든지 비유가 촉구하는 준비가 무엇인지 알아차린 사람은 이 요구가 오늘날에는 특별히 무엇을 의미하는지도 알게 될 것입니다. 우리는, 아마도 이 비유가 없어도, 다가올 일에 대하여 말과 행동으로, 차분하고 용감하게 준비되어야 한다는 것을 알게 될 것입니다. 다만 이 비유는 하나님이 우리에게 닥칠 일을 통해 하나님이 우리에게 말씀하고자 하시는 바를 위해 우리가 준비되어야 할 것을 더욱 촉구할 따름입니다. 이 비유는 우리에게 확실한 기반을 찾으라고 가르칩니다. 오직 그 기반에서만 우리는 참된 고요함과 용기를 발견할 수 있습니다. 오직 그 기반에서만 우리는 지상의 미래가 가져올 온갖 일들, 선과 악, 승리와 희생 등에서 내적 자유를 얻을 수 있습니다. 하나님의 미래를 위해 우리가 준비되고 그분을 평화로이 붙들 때 우리는 그러한 내적 자유를 얻게 될 것입니다.[29]

---

[29] 본문에서 유일하게 하나님에 대한 대명사를 대문자로 표기한 곳이다.

Aichelin, Albrecht. *Paul Schneider: Ein radikales Glaubenszeugnis gegen die Gewaltherrschaft des Nationalsozialismus*. Gütersloh: Chr. Kaiser/Gütersloher Verlagshaus, 1994.

Barnett, Victoria J. *For the Soul of the People: Protestant Protest against Hitler*. New York: Oxford University Press, 1992.

_____. "The Role of the Churches: Compliance and Confrontation." In *The Holocaust and the Christian World: Reflections on the Past Challenges for the Future*, edited by Carol Rittner, Stephen D. Smith, and Irena Steinfeldt. New York: Continuum, 2000.

Barth, Karl. *The Epistle to the Romans*. Translated by Edwyn C. Hoskyns. Oxford: Oxford University Press, 1968.

_____. *Homiletik: Wesen und Vorbereitung der Predigt*. Zurich: Theologischer Verlag, 1970.

_____. *Predigten 1921-1935*. Vol. 1. Edited by Holger Finze. In Karl Barth: Gesamtausgabe. 6 vols. Zurich: Theologischer Verlag, 1998.

_____. "Theologische Existenz heute!" In *Theologische Exis-*

tenz heute, edited by Karl Barth. Vol. 1. Munich: Chr. Kaiser Verlag, 1933.

Beste, Niklot. *Der Kirchenkampf in Mecklenburg von 1933 bis 1945: Geschichte, Dokumente, Erinnerungen*. Göttingen: Vandenhoeck & Ruprecht, 1975.

Bethge, Eberhard. *Dietrich Bonhoeffer: Eine Biographie*. 8th ed. Gütersloh: Chr. Kaiser/Gütersloher Verlagshaus, 2004.

Bethge, Eberhard, Renate Bethge, and Christian Gremmels. *Dietrich Bonhoeffer: A Life in Pictures*. Translated by John Kabitz. Philadelphia: Fortress, 1986.

Bonhoeffer, Dietrich. Berlin, 1932-1933. Vol. 12. In *Dietrich Bonhoeffer Works*. General editors Victoria Barnett and Barbara Wojhoski. Edited by Larry Rasmussen. Translated by Isabel Best, David Higgins, and Douglas W. Scott. Minneapolis: Augsburg Fortress, 2009.

_____. *Predigten, Auslegungen, Meditationen*. Vol. 1, 1925-1935. Edited by Otto Dudzus. Munich: Kaiser, 1998.

Bultmann, Rudolf. *Marburger Predigten*. 2nd ed. Tübingen: J. C. B. Mohr (Paul Siebeck), 1968.

_____. "The Task of Theology in the Present Situation." In *Rudolf Bultmann: Interpreting Faith for the Modern Era*, edited by Rodger A. Johnson, translated by Schubert Ogden. Minneapolis: Fortress, 1991.

Burleigh, Michael. *The Third Reich: A New History*. New York: Hill and Wang, 2000.

Busch, Eberhard. *Karl Barth: His Life from Letters and Autobiographical Texts*. Translated by John Bowden. Philadelphia: Fortress, 1976.

_____. *Unter dem Bogen des einen Bundes: Karl Barth und die Juden 1933-1945*. Neukirchen-Vluyn: Neukirchener Verlag, 1996.

Busch, Wilhelm. *Es geht am Kreuz um unsere Not: Predigten aus dem Jahr 1944*. 3rd ed. Neukirchen-Vluyn: Aussaat Verlag, 1999.

Childs, Harwood L., ed. and trans. *The Nazi Primer: Official Handbook for Schooling the Hitler Youth*. New York: Harper, 1938.

Conway, J. S. *The Nazi Persecution of the Churches: 1933-1945*. Vancouver: Regent College Publishing, 1968.

Ebeling, Gerhard. *Predigten eines "Illegalen": 1939-1945*. Tübingen: J. C. B. Mohr (Paul Siebeck), 1995.

Fant, Clyde E. *Bonhoeffer: Worldly Preaching*. Nashville: Thomas

Nelson, 1975.

Fischer, Klaus P. *The History of an Obsession: German Judeophobia and the Holocaust*. New York: Continuum, 2001.

Galen, Clemens August Graf von. *Akten, Briefe und Predigten, 1933-1946*. Veröffentlichungen der Kommission für Zeitgeschichte. Reihe A: Quellen: Band 42. Edited by Konrad Repgen. Mainz: Matthias-Grünewald-Verlag, 1988.

Genest, Hartmut. *Karl Barth und die Predigt: Darstellung und Deutung von Predigtwerk und Predigtlehre Karl Barths*. Neukirchen-Vluyn: Neukirchener, 1995.

Glenthøj, Jørgen. "Die Eideskrise in der Bekennenden Kirche 1938 und Dietrich Bonhoeffer." *Zeitschrift für Kirchengeschichte* 96 (1985).

Gollwitzer. Helmut. *Dennoch bleibe ich stets an dir: Predigten aus dem Kirchenkampf 1937-1940*. Edited by Joachim Hoppe. Gütersloh: Chr. Kaiser Verlag, 1988.

_____. *... und lobten Gott: Predigten—gehalten in der Gemeinde Berlin-Dahlem 1938 bis 1940*. Neukirchen-Vluyn: Neukirchener Verlag des Erziehungsvereins, 1964.

_____. *The Way to Life: Sermons in a Time of World Crisis*. Translated by David Cairns. Edinburgh: T. & T. Clark,

1981.

Harder, Günther, and Wilhelm Niemöller, eds. *Die Stunde der Versuchung: Gemeinden im Kirchenkampf 1933-1945: Selbstzeugnisse*. Munich: Chr. Kaiser Verlag, 1963.

Heschel, Susannah. "When Jesus Was an Aryan: The Protestant Church and Antisemitic Propaganda." In *Betrayal: German Churches and the Holocaust*, edited by Robert P. Ericksen and Susannah Heschel. Minneapolis: Fortress, 1999.

Johnson, Rodger A., ed. *Rudolf Bultmann: Interpreting Faith for the Modern Era*. Minneapolis: Fortress, 1991.

Kelly, Geffrey B., and F. Burton Nelson, eds. *A Testament to Freedom: The Essential Writings of Dietrich Bonhoeffer*. San Francisco: HarperCollins, 1995.

Kershaw, Ian. *Hitler, 1889-1936: Hubris*. New York: Norton, 1998.

―――. *Hitler, the Germans, and the Final Solution*. New Haven: Yale University Press, 2008.

Klagges, Dietrich. *Das Urevangelium Jesus: Der deutscher Glaube*. Leipzig: Armen-Verlag, 1933.

Klemperer, Victor. *The Language of the Third Reich: LTI — Lingua Tertii Imperii; A Philologist's Notebook*. Translated by

Martin Bradley. New York: Continuum Impacts, 2006.

_____. LTI: Notizbuch eines Philologen. 17th ed. Leipzig: Reclam Verlag, 1998. Lackmann, Max. "Herr, wohin sollen wir gehen? Ein Wort eines Theologiestudenten an seine Kommilitionen." In *Theologische Existenz heute*. Munich: Ch. Kaiser Verlag, 1934.

Moritz, Charles. "Bultmann, Rudolf (Karl)." In *Current Biography Yearbook: 1972*, pp. 52-54. New York: H. Wilson Co., 1973.

Niemöller, Martin. *Dahlemer Predigten 1936/1937*. Munich: Chr. Kaiser, 1981.

Niemöller, Wilhelm, *Aus dem Leben eines Bekenntnispfarrers*. Bielefeld: Ludwig Bechauf Verlag, 1961.

Parzany, Ulrich. *Im Einsatz für Jesus: Programm und Praxis des Pfarrers Wilhelm Busch*. Neukirchen-Vluyn: Aussaat Verlag, 1995.

Richardson, Alan, ed. *A Dictionary of Christian Theology*, pp. 191-94. Philadelphia: Westminster, 1969.

Röhm, Eberhard, and Jörg Thierfelder. *Evangelische Kirche zwischen Kreuz und Hakenkreuz: Bilder und Texte einer Ausstellung*. 4th ed. Stuttgart: Calwer Verlag, 1990.

Rott, Wilhelm. "Was ist positives Christentum?" *Evangelisches Kirchenarchive*. Berlin, Bestand 50/4888, pp. 1-73.

Shirer, William L. *The Rise and Fall of the Third Reich*. New York: Simon and Schuster, 1960.

Schlingensiepen, Ferdinand. *Dietrich Bonhoeffer, 1906-1945: Eine Biographie*. Munich: C. H. Beck, 2006.

Schmidt, Kurt Dietrich, ed. *Die Bekenntnisse und grundsätzlichen Äußerungen zur Kirchenfrage des Jahres 1933*. Göttingen: Vandenhoeck & Ruprecht, 1934.

Schmitz-Berning, Cornelia. *Vokabular des Nationalsozialismus*. Berlin: Walter de Gruyter, 2007.

Schneider, Paul. *Der Prediger von Buchenwald*. Edited by Margarete Schneider. Neuhausen/Stuttgart: Hänssler, 1995.

_____. *... und sollst mein Prediger bleiben: Zeugnisse von Paul Schneider*. Edited by Rudolf Wentorf. Giessen: Brunnen Verlag, 1966.

Scholder, Klaus. *The Churches and the Third Reich*. Vol. 1, Preliminary History and the Time of Illusions, 1918-1932. Translated by John Bowden. Philadelphia: Fortress, 1987-88.

_____. *Die Kirchen und das Dritte Reich*, Band 1: Vorgeschichte mit und Zeit der Illusionen 1918-1934. Frankfurt:

Propyläen, 1977.

Scholze-Stubenrecht and J. B. Sykes, eds. *Oxford-Duden German English Dictionary*. New York: Oxford University Press, 2005.

Steigmann-Gail, Richard. *The Holy Reich: Nazi Conceptions of Christianity, 1919-1945*. New York: Cambridge University Press, 2003.

Stein, Edith. *Aus der Tiefe leben: Ein Textbrevier*. Edited by Waltraud Herbstrith. Regensburg: Topos plus Verlagsgemeinschaft, 2006.

Torrance, James B. "Karl Barth." In *The Encyclopedia of Religion*, vol. 2, James Lindsey, editor in chief, pp. 789-92. New York: Thomas/Gale, 2005.

Wahrig, Gerhard. *Deutsches Wörterbuch*. Berlin: Bertelmanns, 1974.

Wentorf, Rudolf. *Der Fall des Pfarrers Paul Schneider: Eine biographische Dokumentation*. Neukirchen-Vluyn: Neukirchener Verlag, 1989.

Zahrnt, Heinz. *Die Sache mit Gott: Die protestantische Theologie im 20. Jahrhundert*. 3rd ed. Munich: Piper, 1996.

웹사이트

Biographische-Bibliographisches KIRCHENLEXIKON, Verlag Traugott Bautz (www.bautz.de/bbkl.)

On Bultmann: http://en.wikipedia.org/wiki/rudolf Bultmann.

On Gollwitzer: http://en.wikipedia.org/wiki/Gollwitzer; http://www.independent.co.uk/news/people/obituary-helmut-goll-witzer-15123667.html.

Hitler's speeches at http://www.hitler.org/speeches.

Holocaust Encyclopedia. http://www.ushmm.org/wlc/en/.

On von Galen: http://en.wikipedia.org/wiki/Clemens August Graf von Galen; http://www.britannica.com/EBcheckd/top-ic/223894/Blessed-Clemens-August-Graf-von-Galen.

Review & Expositor
"강력하고 확신에 차 있다. … 스트라우드는 찬사를 받을 만하다."

Modern Believing
"이 작업의 확고한 힘은 [히틀러에 저항했던 신학자들의] 설교들로부터 나오며, 스트라우드는 이들의 설교를 우리에게 제공하는 데 중요한 역할을 해냈다."

Currents in Theology & Mission
"인상적이다. … 독자들은 복음 선포의 강력한 사례들을 발견할 뿐 아니라 설교가 어떻게 정치적·사회적 영역의 억압에 대해 신실하게 맞설 수 있는지 볼 수 있을 것이다."

앨런 보삭(Allan Boesak)—*Dare We Speak of Hope? Searching for a Language of Life in Faith and Politics*의 저자
역사적인 맥락을 아주 면밀하고 탁월하게 설명한 후 스트라우드는 나치 독일의 고백 교회 목사들의 성경적 설교/예언적 증거를 매우 매력적인 예로 제공한다. 나치가 국가와 교회의 생명을 위협했던 것은 분명하고, 여기서 살아 남은 예언자들의 반응 역시 분명하다. 독자들은, 신실한 용기와 끈질긴 순종에 바탕한, 거대한 위험을 무릅쓰고 선포되

는 말씀의 능력에 감탄하게 될 것이다. 여기에서 울리는 목소리는 결코 잠잠케 될 수 없을 것이다. … 이 책은 탁월하다. 정보를 제공하고 도발하며 쥐어 흔들고 감동을 주며 영감을 불어넣어 준다."

존 윌슨(John Wilson)—*Books & Culture* 편집자
"이 설교들에서 우리는, 침묵하거나 악을 따르라는—더 나쁘게는—압력에도 불구하고 목회자들이 자기 소명에 신실하게 반응하는 것을 보고 듣게 된다. … 머리를 깨우면서 동시에 영감 충만한 이 책은 정녕 보물이다."

조지 헌싱어(George Hunsinger)—*Torture Is a Moral Issue* 편집자
이 책에서 우리는 암담한 정치 상황 속에서 담대하게 복음을 선포하는 것이 무엇인지 경험할 수 있다. … 『역사의 그늘에 서서: 히틀러 치하 독일 신학자들의 설교』는 머리를 깨우면서 마음을 뒤흔드는 책이다."

그레고리 폴 웨그너(Gregory Paul Wegner)—*Anti-Semitism and Schooling under the Third Reich*의 저자
"이 책은 제3제국하에 있었던 개신교를 이해하려는 역사가들로 하여금 그런 저항 설교의 신학적 토대가 된 역사적 상황을 진지하게 다루어야 한다는 사실을 일깨워 준다."

Library Journal (STARRED review)
"제3제국에 관한 책들은 차고도 넘친다. 그러나 이 책은 전형적인 장르

와는 다르다. … 스트라우드의 훌륭한 소개와 편집은 설교의 배경을 확인하게끔 해주고 이 대담한 설교자들 중 몇몇이 자신들의 확신으로 인해 죽음에 이르게 됐다는 사실을 알려준다. … 모든 목회자와 기독교 역사가들은 이 책을 반드시 읽어야 한다."

Christian Century

"히틀러 시대 고백 교회와 관련된 몇몇 독일 목사들은 나치의 통치에 용감히 반대했다. 그럼으로써 몇몇은 죽임을 당했다. … 이 설교들은 올바른 신학의 힘, 성경적 주해, 실천적 적용의 능력을 보여준다."

Christianity Today

"독일의 많은 교회들이 나치의 억압에 굴복하여 교리와 도덕적 고결함을 훼손했지만 어떤 교회들은 용기를 가지고 버텼다. 이 책은 디트리히 본회퍼(Dietrich Bonhoeffer), 카를 바르트(Karl Barth), 그리고 제국의 위협을 무릅쓴 또 다른 설교자들의 설교를 제공한다."

Ecumenism

"이 책에서 제공된 제3제국의 기독교인의 삶에 대한 시각은 히틀러에 저항했던 설교자들이 강단에 오를 때마다 직면했던 위험을 느끼게 해준다."

Church Times

"스트라우드는 파시즘 이단자들(fascist heresies)에 반박한 설교들 배후의 역사적 맥락을 훌륭하게 제공한다."

Theological Book Review
"나치 독일에 대한 '교회 투쟁'과 기독교 저항의 불분명한 유산을 간략하게 알기 원하는 학생, 목사, 모든 이들에게 도움을 준다."

Theology Today
『역사의 그늘에 서서: 히틀러 치하 독일 신학자들의 설교』는 고백 교회의 역사에 대해 관심 있는 신학생, 목회자, 신학자뿐 아니라 예언적·교리적 설교에 관심 있는 모든 이들에게 깊은 인상을 남길 것이다.